AUX ORIGINES JUIVES DU CHRISTIANISME

Dans la même collection

Série archéologique

1 *Le site natoufien-khiamien de Hatoula, près de Latroun, Israël. Fouilles 1980-1982. Rapport préliminaire*, par Monique Lechevallier et Avraham Ronen. 1985.
2 *Growth and Development of Israeli-born Jewish Children aged 7-14, by sex and parental origin*, by Eugene Kobylianski, Sarah Krupik and Baruch Arensburg. 1985.
3 *La poterie d'Abou Matar et de l'ouadi Zoumeili (Beershéva) au IVe millénaire avant l'ère chrétienne*, par Catherine Commenge-Pellerin. 1987.
4 *The Flint Assemblages of Munhata. Final Report*, by Avi Gopher. 1989.
5 *La poterie de Safadi (Beershéva)*, par Catherine Commenge-Pellerin. 1990.
6 *The Pottery Assemblages of the Sha'ar Hagolan and Rabah Stages of Munhata (Israel)*, by Yosef Garfinkel. 1992.

La série archéologique est éditée par l'association Paléorient et diffusée par les Éditions Faton, B.P. 90, 21803 Quétigny Cedex

Série Hommes et Sociétés

1 *Milieux et mémoire*, édité par Frank Alvarez-Péreyre. 1993.

La série Hommes et Sociétés est éditée par le Service de documentation et de diffusion du CRFJ et diffusée par les Éditions Peeters, Bondgenotenlaan 153, B-3000 Louvain, Belgique, Boulevard Saint Michel 52, 75006 Paris

Aux origines juives du christianisme

édité par François Blanchetière et Moshe David Herr

Diffusion Peeters

Jérusalem 1993

© 1993 Centre de recherche français de Jérusalem
B.P. 547
91004 Jérusalem (Israël)

ISBN 2-910343-00-6
ISSN 0793—0194

SOMMAIRE

AVANT PROPOS

On est bien revenu aujourd'hui de certaines positions outrancières adoptées ces quelques cent dernières années par ceux qui d'aucuns affirmaient l'originalité absolue du mouvement chrétien, sa « nouveauté », qui d'autres avec l'École de Tübingen opposaient Pierre et Paul et faisaient de ce dernier le véritable fondateur du christianisme, de ceux enfin pour qui la source de la pensée chrétienne primitive était à rechercher du côté des « mystères » grecs.

Il est vrai que dans un récent compte rendu, un éminent spécialiste du judaïsme exprimait encore au passage l'opinion suivante, tant les positions reçues ont la vie dure, « si tant est que le christianisme ait jamais eu à voir avec le judaïsme ». À l'inverse, pour David Flusser « the Jewish origin of Christianity is an historical fact » (Flusser 1983). Et de même pour B. Gerhardsson « the nascent Church [...] did not, in the beginning, wish to be an *another* Israel, not a *new* Israel, properly speaking, but the *true* Israel ... This claim is best summed up not in the world *newness*, but *fulfilment* » (Gerhardsson 1992). Pour J. Taylor enfin, les premiers disciples du Rabbi de Nazareth « would not considered themselves to be combining two religions, for they never accepted that Christianity was anything but the proper flowering of Judaism » (Taylor 1990).

En d'autres termes, il n'est plus guère de spécialiste qui n'affirme la nécessité de mieux appréhender la complexité du judaïsme de la période du Second Temple pour comprendre et Jésus et les origines du christianisme. Ainsi, par exemple J. H. Charlesworth qui écrit :

« [...] We must struggle to see not Jesus *and* Judaism, as if we are confronted in some ways with an antithesis, but Jesus *within* Judaism. In other words, we must grasp that Jesus was a Jew who was obviously in some ways part of Judaism. This admission leads to two questions : what does it mean to say Jesus was a " Jew " ? And can we talk representatively about Judaism, or are we forced to see only diversities and " Judaisms " » (Charlesworth 1988 : 7). Et de même Étienne Trocmé « [...] la tradition orale ne contenait rien qui présentât le mouvement chrétien, y compris Jésus, autrement que comme un mouvement à l'intérieur du judaïsme, pourvu que l'on se souvienne combien le judaïsme d'alors était divers... » (Trocmé 1974 : 17).

D'une manière générale, la cause semble désormais entendue et la thèse de l'École de Tübingen avoir fait long feu (Goopelt 1954), même si d'aucuns continuent de penser autrement, comme d'autres de nier l'historicité de Jésus ! Les études menées depuis à tout le moins un demi-siècle ne font que confirmer la réalité d'un lien que déjà Paul de Tarse comparait au rapport existentiel de l'arbre à ses racines.

Ces origines juives du mouvement chrétien ont fait l'objet d'une multitude de travaux. En dresser la liste est ici hors de propos. Qu'il me suffise d'évoquer pour les francophones J. Daniélou et le souvenir de mon maître le doyen Marcel Simon, ainsi que la *Bibliographie du judéo-christianisme* publiée en 1979 par F. Manns.

Pour n'être plus aujourd'hui sous les feux de l'actualité, ces recherches ne s'en poursuivent pas moins dans différentes directions. C'est ainsi que s'y rattachent par bien des côtés et l'exégèse néo-testamentaire la plus récente et l'étude de ce que l'on dénomme, à mon avis fort improprement, les écrits inter-testamentaires et pareillement les analyses relatives à la littérature rabbinique. Les travaux se multiplient sur la Galilée (Oppenheimer 1991 ; Safraï 1990), sur Flavius Josèphe, sur l'hellénisme en Palestine etc.... Bref les chantiers ouverts sont nombreux, à l'heure où les fouilles archéologiques font revivre Jotapata, Séphoris..., apportant leur fondamentale contribution à notre connaissance d'Eretz Israël durant les premiers siècles de notre ère.

Modestement, notre séminaire voudrait contribuer à cette recherche. Par delà les ruptures, les continuités entre les différents courants du christianisme primitif et la polyphonie dominant le judaïsme des tout premiers siècles de notre ère sont trop essentielles et trop nombreuses pour être ignorées, encore qu'elles ne soient pas faciles à dégager (Blanchetière 1985).

Ce m'est ici un plaisir de remercier mes collègues qui d'enthousiasme ont répondu à mon invitation et ont finalement pris activement part aux séances du séminaire qui se sont tenues en hébreu, en anglais ou en français selon les circonstances dans le cadre du Centre de recherche français de Jérusalem, et ce malgré leurs nombreuses occupations. Un merci tout particulier à mon éminent collègue, le professeur M. D. Herr, sans lequel ce séminaire n'aurait pu être mis sur pied, séminaire qui a rassemblé des professeurs et des doctorants de l'Université hébraïque de Jérusalem, de l'Université de Tel Aviv, de l'École biblique de Jérusalem, du Studium Biblicum Franciscanum de Jérusalem et du CRFJ. Ce volume représente le fruit de notre première année de coopération et d'échanges, tandis que le travail se poursuit et que d'autres collègues sont venus se joindre à nous.

Que ces six contributions permettent une meilleure connaissance du contexte et des premiers moments d'un mouvement dont personne ne peut nier l'importance dans l'histoire de la culture et de l'aventure humaine.

François BLANCHETIERE
Directeur du Centre de recherche français de Jérusalem

BLANCHETIÈRE F., 1985, « Judaïsmes et christianismes. Continuités par-delà les ruptures », *Ktêma,* 10 : 37-42.

CHARLESWORTH J. H., 1988, *Jesus within Judaism, New Light from Exciting Archeological Discoveries,* The Anchor Bible Reference Library. New York.

FLUSSER D., 1988, « The Jewish-Christian Schism », *Immanuel,* 16, 23, repris in *Judaism and the Origins of Christianity.* Jerusalem, 1988 : 617.

GERHARDSSON B., 1992, « The Shema in Early Christianity », in *The Four Gospels 1992 Festschrift F. Neirynck.* Leuwen, I : 275-276.

GOPPELT L., 1954, *Christentum und Judentum im ersten und zweiten Jahrhundert,* trad. fr. *Les origines de l'Église. Christianisme et Judaïsme aux deux premiers siècles.* Paris, 1961 : Introduction.

OPPENHEIMER A., 1991, *Galilee in the Mishnaic Period* (en hébreu). Jerusalem.

SAFRAÏ Sh., 1990, « The Jewish Cultural Nature of Galilee in the First Century »,
    Immanuel, 24/25 : 147-186 (paru en 1992).

SCHWARTZ D., 1992, Compte rendu d'Oppenheimer 1992 in *Jewish Studies,* 32 : 80-84
    (en anglais).

TAYLOR J., 1990, « The Phenomenon of Early Jewish-Christianity : Reality or
    Scholarly Invention ? », *Vig. Chris.,* 44 : 315.

TROCMÉ É., 1974 « Le Christianisme primitif, un mythe historique » in *Études
    théologiques et religieuses,* 49 : 15-29.

PRÉFACE

Les six articles rassemblés dans cet ouvrage ont vu le jour à partir de six exposés présentés devant un petit groupe de chercheurs qui se sont réunis dans l'enceinte du Centre de recherche français de Jérusalem, pendant l'année universitaire 1991/92, environ une fois par mois.

Tous les articles traitent, d'une façon ou d'une autre, des relations qui existaient entre les chrétiens et les Juifs aux premier et deuxième siècles de l'ère chrétienne.

C'est un sujet qui ne cesse d'intriguer et qui a laissé de nombreux chercheurs sur leur faim tant à cause du nombre restreint de documents clairs et fiables que de la complexité des énigmes humaines elles-mêmes.

Au temps de Jésus, et à la génération suivante, le peuple juif, en Judée, était divisé en nombreux partis, groupes et sectes[1].

La Grande Révolte et la destruction du deuxième Temple changèrent complètement cette situation. La plupart de tous ces groupements disparurent. Les sadducéens, c'est-à-dire la majorité écrasante de l'oligarchie aristocratique sacerdotale de Jérusalem, furent en grande partie anéantis dans la guerre et les rares survivants, privés de Jérusalem et du Temple et haïs par tous, perdirent tous leurs biens et tout pouvoir et influence. De même les membres des petites sectes comme les esséniens et les qumraniens, résidant dans le désert de Judée, périrent

---

1. Cf. notre article « Les raisons de la conservation des restes de la littérature juive de l'époque du Second Temple », *Apocrypha : Le champ des Apocryphes*, I (1990) : La fable apocryphe, I : 222, n. 5.

dans les violents combats de la guerre dans cette région. Seul le parti des sages, surnommés pharisiens par leurs adversaires, survécut et comme il n'avait plus guère de rivaux significatifs, il acquit rapidement la suprématie[2].

Bien entendu, le processus que nous résumons en ces quelques lignes fut en réalité plus complexe. Cependant, sans aucun doute, déjà avant la fin du premier siècle il ne restait plus que des vestiges insignifiants de la plupart des différents partis et sectes — vestiges qui devaient complètement disparaître pendant la guerre de Ben Kozba — et les sages avaient complètement triomphé.

Il n'y eut qu'une seule exception. Le petit groupe des nazaréens, fondé dans les années trente du premier siècle par Simon dit Petrus, Yohanan fils de Zabdaï et Jacob, le frère de Jésus, survécut à la destruction du Temple et même, deux générations plus tard, à la guerre de Ben Kozba. Dès après la destruction du Temple, ce groupe se divisa, peu à peu, en quatre ou cinq courants dont certains se laissèrent plus ou moins influencer par la nouvelle religion, c'est-à-dire le christianisme. C'est pour cette raison même que les sages exclurent les nazaréens à partir du début du deuxième siècle.

D'ailleurs il y avait en outre en Judée une importante minorité de non-juifs, surtout des Grecs. Il ne faut pas oublier non plus les Romains, fonctionnaires et soldats de l'Empire.

La religion nouvelle chrétienne, fondée par Paul dans le monde hellénistique, surtout le long des côtes du nord-est de la Méditerranée, vers le milieu du premier siècle, ne s'infiltra en Judée que lentement dès la fin de ce siècle.

---

2. Cf. déjà E. SCHÜRER, *Geschichte des jüdischen Volkes im Zeitalter Jesu Christi*, I, Leipzig 1901[3-4] : 656 : « Der Untergang Jerusalems bedeutet nicht mehr und nicht weniger als die Auslieferung des Volkes an den Pharisäismus und die Rabbinen ; denn die Factoren, welche diesen bisher noch entgegen gestanden hatten, waren zur Bedeutungslosigkeit herabgeslinken » ; et, plus brièvement, E. SCHÜRER, *The History of the Jewish People in the Age of Jesus Christ*, revised and edited by G. VERMES, F. MILLAR and M. BLACK, I, Edinburgh, 1973 : 524 : « Now, at one stroke, they acquired the supremacy, as the factors which had stood in their way sank into insignificance. » Cf. aussi E. E. URBACH, « Class Status and Leadership », *Proceedings of the Israel Academy of Sciences and Humanities*, II/4, Jerusalem 1968 : 39 (2) : « The Sages were triumphant, and determined the patterns of the people's life and the national image. »

Le siècle qui sépare la mort de Jésus et la révolte de Ben Kozba, de 33 environ à 132, fut un siècle de bouleversements importants dans l'histoire de la Judée : la destruction du deuxième Temple traumatisa le peuple juif à tel point que la continuation de son existence même semblait menacée. Les paroles de Titus : « οὐ νεκρὸς μὲν ὑμῶν ὁ δῆμος, οἴχεται δ᾽ ὁ ναός, ὑπ᾽ ἐμοὶ δ᾽ ἡ πόλις, ἐν χερσὶ δὲ ταῖς ἐμαῖς ἔχετε τὰς ψυχάς » (Est-ce que votre peuple n'est pas mort, votre Temple disparu, votre cité à ma merci et vos vies mêmes entre mes mains ?)[3], n'étaient pas de vaines exagérations mais elles exprimaient les intentions manifestes du vainqueur et la réalité même. Et, en effet, le rétablissement relativement rapide du peuple juif en Judée, dû surtout aux efforts de Rabbi Yohanan ben Zakkai, fut presque un miracle. Et ce n'est pas étonnant que ce grand dirigeant ait été comparé même à Moïse.

Sous la domination des sages la société juive n'était pas non plus monolithique. Il y avait de nombreuses disparités socio-économiques et culturelles, par exemple entre riches et pauvres, citadins et paysans, maîtres (savants) et ignorants, חברים et עמי הארץ, Judéens (au sens étroit du terme) et Galiléens, etc. et une grande tension se faisait sentir entre la majorité du peuple et les samaritains-koutéens.

Les nazaréens se trouvaient au milieu de cette situation tendue. Pendant la génération d'après la mort de Jésus, ils avaient, de temps à autre, été persécutés par l'oligarchie aristocratique de la grande prêtrise ou par les descendants d'Hérode mais ils étaient protégés par les sages, dits pharisiens. C'est une grande question de savoir comment les nazaréens survécurent au désastre. D'après une information fournie par Eusèbe[4], c'est-à-dire deux cent cinquante ans après les événements, les nazaréens quittèrent Jérusalem pour Pella, au début de la Grande Révolte pour échapper aux zélotes. Cette information est douteuse. D'après Josèphe, les Juifs, à la fin de l'été 66, firent des massacres de représailles contre les Grecs dans plusieurs villes, y compris Pella[5].

On se demande par conséquent, au cas où la population grecque aurait été anéantie à Pella par les zélotes, pourquoi les nazaréens

3. JOSÈPHE, *Guerre*, VI : 349.
4. EUSÈBE, *Histoire de l'Église*, III, 5, 2-3.
5. JOSÈPHE, *op. cit.* (*supra*, n. 3), II : 458.

auraient choisi de fuir dans cette ville pour tomber de Charibde en Scylla. Si, dans le cas contraire, les Juifs avaient été exterminés par les Grecs triomphants, pourquoi ceux-ci auraient-ils permis à des réfugiés juifs nazaréens de rester dans leur ville sans les massacrer ? Quoiqu'il en soit, il n'est pas impossible qu'il y ait eu de très petites communautés de nazaréens hors de Jérusalem, même avant la Grande Révolte, pas forcément à Pella mais dans d'autres lieux juifs. De toutes façons, malgré leur faiblesse numérique, ils auraient pu survivre, comme les pharisiens, *mutatis mutandis*, parce qu'ils n'étaient pas concentrés en un seul endroit. Nous en sommes malheureusement réduits à de simples spéculations. En ce qui concerne les nazaréens à partir de l'an 63, le peu d'informations que nous avons vient de sources très tardives dont les plus anciennes datent du IVᵉ siècle. Beaucoup de problèmes et peu de réponses : comment les nazaréens se sont-ils divisés en tant de courants différents dans l'espace d'une vingtaine d'années (entre 70 et 90) ? D'où vient le nom même de nazaréens ? Ou le nom d'ébionites ? Comment certains de ces courants furent-ils influencés soit par les chrétiens, soit par les gnostiques ? Où résidaient-ils ? La tradition qui parle des nazaréens de Jérusalem entre les deux Révoltes (entre 70 et 132) se réfère-t-elle à des nazaréens qui habitaient réellement sur le site de Jérusalem ruinée (à côté du camp principal de la dixième légion) ou à une communauté, résidant au loin, qui s'était donné un nom nostalgique[6] ?

E. Nodet analyse la situation dans la Galilée juive à l'époque d'Hérode. C'est dans cette région, dont Hérode fut le tétrarque pendant sa jeunesse, qu'apparurent des révolutionnaires comme Ézéchias[7], son fils Judas, fondateur de la Quatrième Philosophie[8], Jésus, fils de Joseph, de Nazareth, et la plupart de ses disciples, « ἄνθρωποι ἀγράμματοί εἰσιν καὶ ἰδιῶται » (des gens sans instruction ni fonction

---

6. Il est significatif que les quelques traditions tanaïtiques qui semblent authentiques sur les rencontres entre sages et nazaréens, dans la seconde moitié du premier siècle, situent ces rencontres en Galilée !

7. JOSÈPHE, *op. cit.* (*supra*, n. 3), I : 204 ; II : 56 ; idem, *Antiquités*, XIV : 159, 167 ; XVII : 271.

8. JOSÈPHE, *op. cit.* (*supra*, n. 3), II : 56, 118, 433 ; VII : 253 ; *Antiquités*, XVII : 271, 272 : XVIII : 4-10, 23-25 ; XX : 102 ; *Actes des Apôtres*, V : 37.

publique)[9] comme Simon dit Petrus et Yohanan fils de Zabdaï qui étaient pêcheurs.

F. Blanchetière traite du groupe des nazaréens au sein duquel naquit le christianisme. Il examine de près les caractéristiques du groupe et l'origine et le sens de son nom.

Dans un autre article, F. Blanchetière et R. Pritz éclairent l'information fournie par Eusèbe au sujet de l'immigration des nazaréens à Pella pendant la Grande Révolte.

Les articles de F. Manns et O. Irsaï traitent de l'histoire de la communauté nazaréenne de Jérusalem et de celle de l'ancienne Église de Jérusalem à la fin du Ier siècle et au cours du IIème siècle. Dans cette période qui va de la Grande Révolte à l'an 190 environ, nous n'avons que très peu de connaissances sur les nazaréens et sur les premiers chrétiens en Judée. Les rares informations se trouvent dans des sources assez tardives et ont un caractère légendaire.

Enfin D. Rokeah apporte des précisions sur les « premiers hassidim » (חסידים ראשונים) et les « *amei haaretz* », ainsi que sur leurs liens avec Jésus.

Pour acquérir une image plus consistante et plus véridique de ce temps difficile à connaître, nous ne pouvons que souhaiter que ces études stimulantes se multiplient.

M. D. HERR
Université hébraïque de Jérusalem

---

9. *Actes des Apôtres*, IV : 13.

ÉTIENNE NODET

GALILÉE JUIVE, DE JÉSUS À LA *MISHNA*

Introduction

La Galilée, correspondant approximativement aux quatre tribus septentrionales d'Israël, ne joue comme telle aucun rôle appréciable dans l'Ancien Testament. Elle émerge pourtant avec force au temps d'Hérode, et c'est à des révoltes galiléennes que Josèphe attribue l'ensemble des conflits qui aboutirent à la ruine de Jérusalem et du Temple. Il s'agit donc ici de caractériser la Galilée juive. Comme les renseignements directs sont notoirement insuffisants, on procède à partir de deux questions particulières, qui mettent en relief la dimension religieuse :

1. Dans le Nouveau Testament, le milieu galiléen dans lequel évolue Jésus est rural, puisqu'il n'y est même pas question de Séphoris ni de Tibériade, et cependant religieusement très motivé : attentes, débats et conflits entre groupes et tendances diverses. Comme le développement ultérieur du christianisme, dans les *Actes*, est éminemment urbain (Césarée, Antioche, Rome), cette dimension rurale des débuts a peu de chances d'être une pure création des premières communautés. Il s'agit donc d'un fait. La question est de savoir quelles sont la nature et l'origine de ce milieu juif à l'écart des grandes villes, et de surplus séparé de Jérusalem par une Samarie hostile.

2. Dans un tout autre contexte, on observe que la *Mishna*, recueil fondateur du judaïsme rabbinique, vient aussi de Galilée : elle fut éditée vers 200 et, à côté de nombreux souvenirs de Jérusalem et du Temple, son ambiance générale est rurale. De plus, à un moment où les Sévères se montrèrent plutôt favorables aux Juifs, jusqu'à leur accorder la citoyenneté romaine (dans tout l'Empire), on voit que cette *Mishna* put être transférée et adoptée en Babylonie, mais il n'est nulle part question d'une diffusion dans le bassin méditerranéen. En outre, des générations de commentateurs ultérieurs produisirent deux recueils, connus comme *Talmud de Jérusalem* (issu en réalité de Galilée) et *Talmud de Babylone*, qui sont culturellement jumeaux. Cependant, la *Mishna* se présente comme l'œuvre non pas de Babyloniens, mais d'écoles fondées par des rescapés de Judée, après la défaite de Bar Kokhba. Il en résulte une autre question sur la nature et l'origine de ce judaïsme galiléen ultérieur, et sur ce qui semble être un tropisme babylonien.

Ces deux questions supposent l'examen des écrits de Josèphe et de la littérature rabbinique, ce qui constitue deux blocs *a priori* bien distincts, par l'époque comme par le genre. On peut cependant les rapprocher, non sans quelques précautions, en admettant d'une part que les auteurs de la *Mishna* sont héritiers des pharisiens, et d'autre part que Josèphe, attentif aux grands de ce monde mais aussi militant pharisien, n'a rien omis de ce qui pouvait compter socialement. La combinaison ainsi proposée va montrer d'utiles convergences pour la période qui s'étend d'Hérode à la rédaction des *Antiquités*, c'est-à-dire aussi de Hillel l'Ancien à la deuxième phase de l'école de Yabné-Jamnia. Plus généralement, la thèse défendue dans cette étude est que le judaïsme de Galilée, au moins d'Antiochus III à la *Mishna* (donc pour une période englobant légèrement celle traitée par Schürer), est entièrement d'origine babylonienne, les pharisiens proprement dits en constituant une dérivation judéenne.

Par souci de méthode, les données du Nouveau Testament ne seront pas utilisées dans l'argumentation, mais seulement en finale, pour montrer qu'elles entrent dans un contexte intelligible.

La Galilée avant Hérode

Josèphe, qui y a combattu, connaît bien la Galilée. Pour lui (*G* 3 : 35-40), elle s'étend du Carmel au Gaulân, monte jusqu'à Tyr au nord et descend jusqu'à la ville de Samarie-Sébaste au sud. L'extension qu'il donne à cette région, à l'est du Jourdain et au sud de la plaine d'Esdrelon, provient des contours du royaume d'Hérode. Géographiquement, le terme, qui a le sens de « rouleaux » ou de « vagues », est plus restreint : il désigne la région montagneuse ondulée qui est située au nord de la plaine d'Esdrelon et à l'ouest du Jourdain.

Selon la géographie israélite de la conquête de Josué, la région englobe les tribus de Zabulon, Issachar, Asher et Nephtali[1]. Elles font partie après Salomon du royaume d'Israël, mais elles ne comprennent pas la côte (Akko), du moins selon la plupart des textes. Selon *2 Chron* 30 : 11-12, des gens d'Asher, Zabulon et Manassé (Samarie centrale) s'humilièrent et vinrent à Jérusalem au temps d'Ézéchias. Cette information concerne au mieux l'époque du Chroniste, mais en toute hypothèse elle montre que l'attachement de ces gens à Jérusalem est une exception remarquable. L'appellation de « Galilée des Nations » (*Is* 8, 23), qui a encore cours au temps des Maccabées (*1 Mac* 5, 15), représente certainement, si on la prend dans le sens utilisé par le Nouveau Testament, une réalité plus durable.

Selon *Esdras-Néhémie*, les rapatriés de Babylonie ne s'intéressent qu'à Jérusalem et à la Judée, peut-être étendue pour inclure Benjamin. Plus tard, lors de la crise maccabéenne, il y a des Juifs en Galilée, car persécutés ils appellent au secours Judas et ses frères, en affirmant qu'ils sont victimes d'une coalition regroupant Ptolémaïs, Tyr, Sidon et toute la Galilée. L'événement se passe entre 167 et 160 av. J.-C. Il s'agit au plus d'une minorité diffuse, sans place forte autonome, à la différence d'autres régions. En effet, Simon, dépêché en renfort, ne cherche pas à organiser la sécurité des Juifs sur place, mais préfère les ramener en Judée (*1 Mac* 5, 14 s.). Ces populations diffuses ne sont certainement pas des émigrés venus de Judée, et il est arbitraire d'y voir

---

1. Mais Josèphe ne fait aucun rapprochement entre ces tribus et la Galilée (*AJ* 5 : 84).

des descendants directs d'anciens Israélites, car leurs attaches naturelles seraient alors avec la Samarie[2].

Le seul événement notable auquel on puisse rattacher cet établissement encore précaire de Juifs en Galilée est, comme on va le montrer, la charte concédée par Antiochus III à Jérusalem vers 200[3]. En effet, il a eu quelque peine à arracher la Cœlé-Syrie aux Lagides, mais les habitants de Judée, et les Juifs en général, lui ont été favorables (*AJ* 12 : 133 s.)[4]. La charte octroyée est donc une récompense, qui fixe un statut reconnu à Jérusalem. Mais elle accorde en outre à « tous ceux qui font partie du peuple juif » de vivre selon leurs lois nationales. Cette disposition est remarquable, car elle concerne évidemment beaucoup plus que la seule Judée. Il y a en effet une importante population juive diffuse depuis longtemps en Mésopotamie et dans l'empire séleucide. Dans le même esprit, Esdras a été envoyé partout en Transeuphratène établir des scribes et des juges pour « ceux qui connaissent la Loi de son Dieu », avec obligation de les instruire (*Esdr* 7, 25). D'autre part, Antiochus, poursuivant peut-être une politique traditionnelle depuis les Perses, ne craint pas d'utiliser à l'occasion des Juifs comme colons civils en terre lointaine, pour stabiliser une frontière disputée (en Asie mineure, 12 : 148 s.). Ce roi avisé est donc intéressé à s'assurer la fidélité des Juifs, d'où l'attribution statutaire d'un centre à l'*ethnos*.

Par ailleurs, la charte a la forme d'une lettre à un certain Ptolémée, fils de Thraséas. Celui-ci, ancien général lagide, était passé au service des Séleucides comme gouverneur de Cœlé-Syrie[5]. On ignore quelle

---

2. Seán FREYNE, *Galilee from Alexander to Hadrian : A Study of Second Temple Judaism*, Wilmington (Del.), 1980 : 1-44, cherche après d'autres à montrer que la fidélité de la Galilée à Jérusalem, par-delà la Samarie, vient du succès de la réforme « deutéronomiste » de Josias, joint à la faible amplitude des déportations lors de la chute du royaume d'Israël, du moins selon les sources assyriennes. Cependant, cette vue pose plus de problèmes qu'elle n'en résout, car la consistance historique de cette réforme est loin d'être claire. De plus, selon *2 Rois* 15 : 29, la Galilée et les villes environnantes ont été prises et leurs habitants déportés par Téglat-Phalassar plus de dix ans avant la prise de Samarie par Sargon ; même si l'information est grossie, elle laisse entendre que la cohérence sociale (et religieuse) est détruite.

3. L'authenticité en a été établie par Elias J. BICKERMAN, « La Charte séleucide de Jérusalem », dans : *Studies in Jewish and Christian History II*, Leiden, 1980 : 44-85.

4. Josèphe a pour source un passage perdu de Polybe, qui évoque « ceux des Juifs qui habitent autour de Jérusalem » ; cela suppose qu'il y en avait bien d'autres, mais Josèphe dans sa paraphrase identifie Juifs et Judéens.

5. D'après une inscription de Silicie, cf. G. RADET & P. PARIS, « Inscription relative à Ptolémée fils de Thraséas », *BCH*, 14, 1890 : 587-589, ou *CIG* n° 1229.

était sa capitale, mais il est évident que Jérusalem est très excentrée par rapport à une telle région : il faudrait plutôt chercher une ville de la côte phénicienne, ou un point sur la route de Syrie. De fait, une inscription récemment découverte à Beth-Shân[6] (Scythopolis) montre que ce Ptolémée faisait aussi office de grand-prêtre, c'est-à-dire d'administrateur général des cultes pour le compte du roi, et qu'il possédait à titre personnel une grande partie de la Palestine. D'autre part, Polybe, 5, 70, 5, indique que Scythopolis et Philotéria (*H. Kerak*, au sud du lac de Galilée) s'étaient rendues dès 218 à Antiochus III. Cette indication suppose que ces villes, bien reliées à la côte comme à Damas, ont une certaine importance, et il est alors plausible d'admettre que l'une ou l'autre ait formé le centre de gravité de la région progressivement conquise. Quoiqu'il en soit de ce point, il est logique de supposer qu'à la suite de la charte des colons juifs, expressément envoyés ou volontaires, soient arrivés à cette occasion dans la Galilée fertile et dans les centres urbains associés. Il est intéressant d'observer que des prospections archéologiques en Galilée ont montré, pour l'époque hellénistique, une population très faible avant le IIe s.[7] : c'est un indice en faveur de l'efficacité de la politique d'Antiochus III.

Politiquement, la Judée n'accède à une certaine indépendance qu'avec l'élévation de Jonathan au pontificat, en 152. Sous ce même Jonathan, l'affectation à la Judée de trois nomes de Samarie-Galilée (dans la région de Lydda-Lod, cf. *1 Mac* 10, 30 ; 11, 34) suppose manifestement que la juridiction de Judée n'inclut pas la Galilée. Par la suite, Jean Hyrcan (135-104) mena une politique énergique d'expansion territoriale : Josèphe rapporte la conquête de Sichem et la judaïsation de l'Idumée, vers 128 (*AJ* 13 : 255 s.) ; plus tard, entre 111 et 107, les villes de Samarie et Scythopolis sont prises (13 : 275 s., cf. *Meg. Taanit* 15 Sivân et 25 Marḥeshvân). Même en admettant que Scythopolis soit la capitale régionale, ce que les considérations précé-

6. Cf. Yoḥanan H. LANDAU, « A Greek Inscription Found Near Hefzibah », *IEJ*, 16, 1966 : 55-70, à compléter par les observations de Louis et Jeanne ROBERT, « Bulletin épigraphique », *REG*, 83, 1970, n° 627 : 469-473.

7. E. MEYERS, J. STRANGE & D. GROH, « The Meiron Excavation Project : Archaeological Survey in Galilee and the Golan, 1976 », *BASOR*, 230, 1978 : 1-24 ; E. MEYERS, « Galilean Regionalism : A Reappraisal », dans : W. Scott GREEN (ed.), *Approaches to Ancient Judaism. Vol. 5 : Studies in Judaism and its Greco-Roman Context* (Brown Judaic Series, 32), Atlanta, 1985 : 115-131.

dentes n'ont pas vraiment démontré, il n'est pas possible d'en conclure que toute la Galilée fut alors conquise[8]. Selon *AJ* 13 : 319, où Josèphe cite Strabon, Aristobule, fils d'Hyrcan, annexa vers 104 une partie du territoire des Ituréens, et les circoncit ; ces Ituréens sont connus comme montagnards, et parfois donnés comme Syriens ou comme Arabes, et l'on admet qu'ils sont originaires des montagnes du Liban. Mais selon *Luc* 3, 1 l'Iturée, qui fait partie de la Tétrarchie de Philippe est donc comme elle à l'est du Jourdain, donc hors de Galilée ; l'information géographique de *Luc* n'est pas nécessairement précise, mais elle montre au moins que l'Iturée n'est pas un pseudonyme pour la Galilée. Par ailleurs, Josèphe paraît ignorer où est ce territoire, car il l'aurait clairement désigné comme Galilée s'il l'avait identifié, et de plus il a quelque peine à situer l'événement dans la carrière brève et contradictoire d'Aristobule. Peut-être cependant cherche-t-il à suggérer — sans pouvoir le dire clairement, car c'est inexact — que les Galiléens furent ainsi conquis et circoncis de force[9] à la manière des Iduméens, ce qui change profondément la signification de leurs conflits ultérieurs avec Hérode. Avant le règne d'Aristobule, l'aîné, Hyrcan avait fait élever son fils cadet Alexandre Jannée en Galilée, pour l'écarter du pouvoir (*AJ* 13 : 322) : on peut en déduire que c'était hors de Judée, donc loin des affaires de la cour, mais aussi qu'il s'y trouvait un environnement juif provincial. De fait, *AJ* 13 : 337-338 signale les localités juives de Séphoris et Asôchis, dans un contexte où Ptolémée Latyre tient en échec les velléités de conquête d'Alexandre Jannée, en particulier à Ptolémaïs-Akko et dans la vallée du Jourdain.

En 63, Jérusalem tombe devant Pompée (*AJ* 14 : 48-76), à cause d'une guerre civile : Antipater, père d'Hérode et apparemment gouverneur d'Idumée, a soutenu le faible Hyrcan II, héritier légitime, contre les prétentions d'Aristobule qui s'est emparé de la royauté en 67. Les Romains ont d'abord soutenu ce dernier, mais ensuite l'ont poursuivi et finalement assiégé dans Jérusalem. Hyrcan reste alors ethnarque et grand-prêtre, mais se retrouve privé de titre royal. La Judée est alors amputée : à l'ouest, des villes côtières de Raphia à Dora, donc d'une

---

8. Cf. SCHÜRER-VERMES I : 141 et 562, II : 8 s., qui estime sans véritable preuve que la « partie de l'Iturée » conquise désigne la Galilée ; cette opinion, qui suit celle de Josèphe, implique que le judaïsme de Galilée soit marginal.

9. Telle est cependant la conclusion de SCHÜRER-VERMES II : 9-10, et d'autres par la suite.

zone au sud du Carmel ; au centre, de Samarie et Scythopolis ; à l'est du Jourdain, de plusieurs villes jusqu'à Pella, Gadara et Hippos au nord. Toutes ces villes, avec d'importants territoires adjacents, sont alors rattachées directement à la province romaine de Syrie, nouvellement créée. Il est remarquable qu'ainsi les Romains contrôlent sans intermédiaire toutes les routes vers la Galilée. Celle-ci ne peut donc plus faire partie de la Judée ; il n'est cependant pas dit que cette région ni qu'aucune de ses villes en soit détachées, en particulier Séphoris, le futur chef-lieu. Il faut donc conclure qu'à la différence de larges zones à l'est de Jourdain (Pérée), la Galilée ne faisait pas partie intégrante de la Judée.

En 57, Gabinius, nouveau gouverneur de Syrie, mate une révolte juive, car Alexandre, fils d'Aristobule, tente de reconquérir le pouvoir (14 : 82-97). Il divise la Palestine, ou plus exactement « le peuple », en cinq districts gouvernés par autant de « sanhédrins », et Séphoris devient la capitale de la Galilée. Il s'agit en effet de la réorganisation du peuple, et non de la Judée : c'est évident pour la Pérée, avec les deux districts d'Amathonte et de Jéricho : les Juifs y sont nombreux, mais depuis Pompée la région n'appartenait pratiquement plus à la Judée. La remarque doit être étendue à la Galilée, pour laquelle Josèphe n'est guère explicite. Vu de Syrie, il s'agissait en effet de donner aux Juifs de la région une organisation territoriale sans accorder trop d'importance à Jérusalem, et surtout en ignorant la notion de royaume de Judée : il y avait donc bien une Galilée juive, avec Séphoris[10] comme chef-lieu.

En résumé, on peut discerner une Galilée juive à partir d'Antiochus III, mais, avant l'intervention de Gabinius, le rattachement social et politique de la Galilée à la Judée est très vague[11], et l'affaire des Ituréens cherche peut-être à combler une lacune, ou plus vraisemblablement à dissimuler l'origine réelle des Galiléens. Il est plus que probable qu'il n'y ait pas eu de lien politique réel avant Hyrcan II, *i. e.* qu'à l'occasion de son retour en grâce, en 47, la Galilée soit pour la première fois comme telle rattachée à la Judée. En d'autres

10. Selon *MQidushin* 4 : 5, l'ancien gouvernement (ἀρχή en transcription), c'est-à-dire avant que Varus ne rase la ville, était strictement juif, cf. SCHÜRER-VERMES II : 174, n. 484.

11. L'affirmation de *AJ* 13 : 154, selon laquelle des Galiléens dépendent de Judas Maccabée, doit être considérée comme un lapsus.

termes, les Romains, plus soucieux de clarté administrative que de religion, sont les premiers à avoir banalisé la Galilée comme province
juive parmi d'autres en Palestine. Les rois de Judée subséquents, du
moins ceux qui étaient vassaux des Romains, n'ont fait qu'hériter de
cette situation nouvelle.

Autour d'Hérode le Grand

En 47, après la mort de Pompée, César gratifie Hyrcan et le réin-
vestit comme ethnarque pour sa fidélité (*AJ* 14 : 137-144). Celle-ci
avait été plus que stimulée par Antipater, toujours actif, qui fut récom-
pensé par la dispense de l'impôt et la citoyenneté romaine. Il est alors
nommé (ou confirmé) comme procurateur d'Idumée. Son rôle est cependant considérable, puisqu'il parvient à placer ses fils.

En particulier, Hérode « est chargé » de la Galilée, où il écrase
Ézéchias et sa bande, qui sévissaient sur la frontière de Syrie
(14 : 159 s.), d'où accusation et procès devant le sanhédrin de
Jérusalem. La relation de cet épisode est cependant étrange. D'abord
Hérode, dont le mandat exact n'est pas précisé, est donné comme
n'ayant que quinze ans ; on a supposé une erreur de copiste et conjecturé
« vingt-cinq ans », car la chronologie de son règne l'impose : c'est entre
Pompée et Gabinius qu'il avait quinze ans ; Josèphe insiste pourtant sur
sa jeunesse et sa précocité, ce qui peut difficilement se dire d'un
homme de vingt-cinq ans, car la référence reste toujours Alexandre.
Ensuite, le procès est surprenant : s'il s'agit seulement d'une opération
de police consistant à neutraliser des pillards, il n'y a pas matière à une
poursuite judiciaire. Enfin, cet Ézéchias n'est pas un bandit quelconque,
puisqu'il passe pour l'ancêtre du mouvement des Galiléens. Il y a donc
un enjeu politique[12] et religieux. Politiquement, les victimes d'Hérode
ne peuvent pas se rattacher aux partisans d'Aristobule, car les mères
éplorées viennent supplier Hyrcan lui-même lors du procès. On pourrait arguer qu'Hérode a cherché à se tailler un fief contre Hyrcan, d'où

---

12. Cf. Seán FREYNE, « Bandits in Galilee : A Contribution to the Study of Social
Conditions in First-Century Palestine », dans : Jacob NEUSNER *et al.* (ed.), *The Social World of
Formative Christianity and Judaism*, Philadelphia, Fortress Press, 1988 : 50-68, qui insiste sur
les circonstances politico-sociales. Helmut SCHWIER, *Tempel und Tempelzerstörung* (Novum
Testamentum und Orbis Antiquus, 11), Fribourg/Göttingen, 1989 : 145 s., discute diverses
opinions sur ces bandits.

des jalousies de cour, mais ses actions lui valent les bonnes grâces du gouverneur Sextus César, qui ne peut être opposé à Hyrcan, protégé de Jules César, et ne peut davantage être favorable à une sédition ; Hérode, à la suite de ces hauts faits, est même nommé par Sextus gouverneur de Cœlé-Syrie et de Samarie, et il faut le créditer d'un sens politique exceptionnel, comme le montre toute sa carrière.

La conclusion s'impose : ces « brigands » sont donc des Juifs antiromains ; le procès intenté à Hérode vient de Juifs qui défendent la Loi ; le Pharisien Saméas s'y distingue. Les éléments difficiles ou légendaires[13] de Josèphe dissimulent donc mal un fait important pour notre propos, à savoir qu'il y a un judaïsme galiléen auquel sont favorables les pharisiens. Peut-être donnait-il des signes d'irrédentisme, mais il n'est pas douteux qu'il ne pouvait qu'être très opposé à Hérode l'Iduméen, qualifié même de « demi-Juif » (AJ 14 : 403). La réciproque est aussi vraie : un des premiers soins d'Hérode à son arrivée au pouvoir fut d'annihiler le sanhédrin de Jérusalem, et il fut toujours en lutte contre les pharisiens, dont il redoutait l'influence. Telle est d'ailleurs une des causes du malaise rédactionnel de Josèphe : d'un côté il admire Hérode, et ne craint pas de le tenir pour élu de Dieu (AJ 14 : 455 etc.), mais de l'autre, au moins sur le tard, il désire paraître pharisien (cf. Vie § 12). En tout cas, les adversaires galiléens d'Hérode ne sont certainement pas des « marranes », circoncis de force, Ituréens ou autres. Hérode est rusé et méfiant ; il sait faire confiance à un Ituréen (AJ 15 : 185), mais non à un Galiléen.

En 40, Hérode se fait nommer roi de Judée par le sénat de Rome (AJ 14 : 381 s.), alors qu'Antigone, le dernier roi asmonéen, vient d'obtenir le trône grâce aux Parthes, qui ont repoussé les Romains de Syrie et fait prisonnier Hyrcan. En 39, Hérode, soutenu par les Romains en campagne contre les Parthes, débarque à Ptolémaïs pour reconquérir la Judée. Josèphe affirme que toute la Galilée se rallia rapidement à lui « à peu d'exceptions près » (§ 395), et qu'il put faire route vers Jérusalem avec des forces croissantes. La situation est cependant rendue confuse par la vénalité du général romain Silon, qui essaie

---

13. Il est en particulier difficile de savoir si ce procès intenté à Jérusalem pour des actes commis en Galilée suppose ou non la disparition des autres sanhédrins provinciaux. La scène du procès est rapportée par BSanhedrin 19a-b, avec d'autres noms (Jannée au lieu d'Hyrcan, etc.), et avec insistance sur l'indépendance des pharisiens.

de tirer profit des deux camps, et Hérode doit consolider ses conquêtes. Il repart pour la Galilée, où Antigone tient encore des places fortes. Il entre dans Séphoris sans coup férir, mais il doit engager aussitôt des forces notables dans une lutte difficile contre « des brigands habitant dans des cavernes ». Autrement dit, la résistance des partisans d'Antigone est négligeable, mais l'on retrouve un problème de « brigands », qui constituent visiblement un parti distinct, assez puissant pour inquiéter Hérode. Josèphe raconte, après une défaite d'ensemble de cet ennemi, l'assaut des ultimes cavernes où se regroupent les réfugiés. Elles sont situées dans les falaises d'Arbèle, qui surplombent Magdala au bord du lac (§ 421 s.). Détail remarquable : sur le point d'être capturé, un vieillard (ou un « ancien ») préféra tuer sa femme et ses sept enfants avant de se jeter lui-même dans le vide ; Hérode assistait à la scène et lui offrait sa grâce en tendant la main, mais l'autre eut le temps de l'invectiver en lui reprochant ses origines. Pour des pillards, l'enjeu n'est donc guère économique, et la scène rappelle, un siècle plus tard, l'affaire des prisonniers de Yotapata, et mêmes les suicides collectifs de Gamala et Massada. Josèphe ne pouvait certainement pas se permettre un tel rapprochement, mais il est difficile de ne pas imaginer que ces brigands étaient analogues à Ézéchias, vaincu par le même Hérode dix ans plus tôt. La main tendue d'Hérode laisse entrevoir l'espoir qu'il avait non seulement de vaincre, mais surtout d'être reconnu. Peu après, Hérode quitte la Galilée en laissant derrière lui un gouverneur, mais les séditions reprennent, toujours sans lien avec Antigone, et il doit revenir pour conduire une répression énergique et mettre les villes à l'amende. L'année suivante, Hérode alla se plaindre auprès d'Antoine, en campagne à Samosate, de la défection des renforts romains qu'il avait reçus. Pendant son absence, son frère Joseph fut battu par Antigone à Jéricho ; voyant le parti hérodien faiblir, les Galiléens se révoltèrent à nouveau, mais Josèphe persiste à ne pas suggérer que ce soit en faveur d'Antigone (§ 450). En 37, Hérode arriva enfin devant Jérusalem et l'assiégea, avec l'aide des Romains (§ 465).

Josèphe raconte plus tard (*AJ* 17 : 23 s.) qu'à une époque non précisée, mais vraisemblablement peu après le début de son règne[14], Hérode avait voulu se protéger des pillards de Trachonitide. Il paraît s'agir cette fois de bédouins arabes ou nabatéens qui depuis toujours viennent périodiquement razzier le produit des sédentaires. Il voulut établir une zone tampon en Batanée (Gaulân), en créant un établissement peuplé de Juifs, de manière à protéger la région ainsi que la route des pèlerinages. Il y installa un groupe de colons babyloniens, qui étaient déjà en Syrie et bien vus des Romains. Il leur donna des terres à défricher et les exempta d'impôts. Leur chef s'appelait Zamaris ; il éleva une ville, Bathyra, et plusieurs points fortifiés. Il fit venir de partout des « gens fidèles aux coutumes juives » ; l'exemption d'impôts ainsi qu'une situation à l'écart étaient très attractives, surtout pour des gens à forte motivation religieuse mais peu soucieux de courtiser aucun pouvoir. Le choix par Hérode de Juifs babyloniens sans ambitions politiques est certainement habile, compte tenu des Galiléens voisins qui lui avaient résisté sur l'autre rive du lac, mais qui étaient aussi plus lointainement d'origine babylonienne[15]. De fait, Hérode ne rapporta jamais l'exemption d'impôts et, à sa mort, c'est par l'ouest (Séphoris) que la révolte se produisit. On peut donc le créditer d'une certaine réussite sur ce point.

À la mort d'Hérode, en 4 av. J.-C., la situation devint confuse : querelles de successions autour d'Archélaüs, abus de l'armée romaine, soulèvement divers, particulièrement à l'occasion de pèlerinages de Pâque et de Pentecôte. Le facteur religieux joua un rôle notable dans les révoltes : à Jérusalem, on exigeait du nouveau roi la purification du culte et on voulait venger les docteurs pharisiens qui avaient été tués par

---

14. Josèphe situe l'appel de Zamaris après qu'il ait été installé à Daphné près d'Antioche par Saturninus, qui fut gouverneur de Syrie à la fin du règne d'Hérode (9-6 av. J.-C.), donc au moment où celui-ci a déjà sombré dans les difficultés domestiques, cf. Schürer-Vermes I : 257. Ce n'est pas vraisemblable. Il faut plutôt chercher dans la période où il consolidait son autorité (37-25). Or, il y eut un gouverneur Calpurnius en 34-33 : la date est meilleure, et les noms peuvent se confondre. L'erreur de Josèphe, qui cherche à brouiller les pistes, n'est pas nécessairement accidentelle.

15. Eusèbe *HE*, 1, 7, 14 cite une lettre de Julius Africanus (originaire d'Emmaüs-Nicopolis), selon lequel la « famille de Jésus » (δεσπόσυνοι) est originaire des villages juifs de Nazara et Kokhaba, ce dernier étant en Batanée ; malgré les éléments légendaires de ce témoignage, il est remarquable que ce dédoublement de localité se superpose au dédoublement (est et ouest du lac) organisé par Hérode.

Hérode pour avoir ôté un aigle d'or du Temple (*AJ* 17 : 206 s.). Les troubles furent réprimés par Varus, gouverneur de Syrie, accouru avec une armée. Il fut clément pour Jérusalem, mais intraitable pour les pillards.

En Galilée, Séphoris fut au centre d'une rébellion animée par Judas de Gamala, qui chercha à s'emparer du gouvernement, en profitant de l'affaiblissement de Jérusalem. La révolte fut matée et la ville détruite par le fils de Varus (17 : 289). Ce Judas n'est autre que Judas le Galiléen, le fondateur *avec un pharisien* du « quatrième parti » (18 : 4 s.)[16]. Il est donné comme fils d'Ézéchias qu'Hérode avait battu plus de 40 ans auparavant : c'est évidemment un continuateur plutôt qu'un fils direct ; de même plus tard, vers 65, apparaît « un certain » Menahem, « fils » de Judas le Galiléen (*G* 2 : 433)[17] : il n'a pas de pedigree, donc le sens de la filiation est manifestement d'indiquer qu'il est de la même engeance. Au moment du recensement fiscal de Quirinius, en 6, Judas était assez influent pour susciter une résistance notable au pouvoir romain dans toute la Judée — d'où l'appellation de « Galiléen », qui suppose une migration. Cette influence n'est pas née en un jour, et c'est contre ce parti foncièrement antiromain qu'avaient porté les répressions de Varus[18]. La Galilée juive s'est donc confortée sous Hérode, au point de prendre une importance nationale qui ne fera que croître ensuite. Parallèlement, selon *AJ* 17 : 41 s., les pharisiens n'ont jamais voulu faire allégeance à Hérode, qui les a craints et persécutés.

Alors que ce n'est qu'une province rurale sans importance stratégique ou économique majeure, les manœuvres d'Hérode et l'instabilité sociale après sa mort témoignent à la fois de la difficulté et de l'importance de la maîtrise de la Galilée. Josèphe lui-même, indépendamment des ambiguïtés de son propre rôle lors de son action en 66, reste systématiquement confus sur l'histoire de la Galilée juive : il

16. Cf. Martin HENGEL, *Die Zeloten* (AGSU, 1), Leiden & Köln, 1961 : 57-61 et 322.

17. Cf. Étienne NODET, « Jésus et Jean-Baptiste selon Josèphe », *RB* 92 (1985) : 504 s., où l'on montre après d'autres que le dédoublement entre Judas pillard et Judas fondateur procède d'un système de doublets, où les mêmes épisodes, après la mort d'Hérode, sont racontés et entremêlés selon deux optiques différentes.

18. Le *Séder Olam Rabba* (ed. RATNER : 145) a conservé le souvenir d'une guerre de Varus, aussi importante que celle de Vespasien, alors qu'il ignore la guerre civile et l'arrivée de Pompée.

aimerait n'y voir que brigands ou circoncis forcés sans pedigree.
Lorsque ces qualifications sont impossibles, il se trahit : par exemple,
lors du sauvetage des Juifs de Galilée persécutés au temps d'Épiphane,
1 Mac 5 : 23 raconte que Simon ramena en Judée les captifs avec leurs
familles et leurs biens « au milieu d'une joie débordante »[19] ; de manière significative, Josèphe, qui n'a pas d'autre source, rapporte
l'épisode en omettant la joie débordante, alors qu'il ne craint jamais
les paraphrases verbeuses (*AJ* 12 : 334). Il est compréhensible qu'il
n'ait que méfiance pour un Jean de Gischala ou un Justus de Tibériade,
ses adversaires directs, mais il est remarquable qu'il fasse remonter
aussi loin dans le temps ce manque d'attrait pour les Juifs de Galilée.
Cela s'explique parfaitement s'ils préfèrent, parfois jusqu'à
l'insurrection, la fidélité aux traditions babyloniennes à la soumission
aux pouvoirs asmonéen ou romain : Josèphe ne peut leur accorder une
légitimité « pharisienne » qu'il a lui-même combattue.

Hillel et la Galilée

Les deux parties précédentes, montrant l'action d'Hérode à l'égard
de la Galilée et des pharisiens, fournissent un cadre à l'apparition de
Hillel l'Ancien et vont conférer quelque crédit historique aux sources
rabbiniques qui l'évoquent. Hillel est une des grandes figures fonda-
trices du judaïsme normatif (*MAbot* 1 : 12), et le premier à recevoir le
titre de patriarche (נשיא)[20]. Il est aussi celui à partir duquel la tradition
rabbinique commence, non sans quelque malaise, à signaler des controverses ; il s'est donc opéré une fédération de courants distincts. Hillel
était babylonien et vécut au temps d'Hérode, mais peu de choses précises sont connues à son sujet.

Josèphe, qui n'a d'yeux que pour ce qui compte socialement, ignore
Hillel, mais connaît Shemaya et Abtalion, c'est-à-dire les prédéces-

---

19. Ce passage de *1 Mac* est la source de Josèphe, mais il a ses propres difficultés : il y a une
dissymétrie remarquable entre les actions parallèles de Judas en Galaad et de Simon en
Galilée : la première est très documentée, mais non la seconde, qui a un style deutéronomiste
et ne connaît qu'Arbatta (non loin de Césarée-Tour de Straton) et Ptolémaïs, cf. Félix-Marie
ABEL, *Les livres des Maccabées* (Études Bibliques, 38), Paris, 1949 : 95.

20. Ou du moins au rang de maître reconnu, car l'institution patriarcale proprement dite
n'est pas attestée avant Bar Kokhba, et paraît avoir été projetée sur les générations antérieures,
cf. Aharon OPPENHEIMER, *Galilee in the Mishnaic Period*, Jerusalem, Zalman Shazar Center,
1991 : 51 s.

seurs immédiats de Hillel et Shammaï dans la liste des transmetteurs donnée en *MAbot* 1 : 10 s. Le récit de l'élévation de Hillel au rang de patriarche n'est donc donné que par les sources rabbiniques, et son principal intérêt est de témoigner d'une discontinuité majeure. L'événement est rapporté sous plusieurs formes analogues, mais on commente ici la recension la plus longue et la plus documentée (*YPesahim* 6 : 1 p. 33a)[21], en omettant quelques développements annexes manifestement postérieurs :

Cette loi était ignorée par les anciens de Bathyra. (Il s'agit des infractions au sabbat permises pour la préparation de l'agneau pascal, *MPesahim* 6 : 1 s.)

1. Il arriva un jour que le 14 Nisân coïncida avec le sabbat et ils ne savaient pas si le sacrifice pascal (פסח) l'emportait ou non sur le sabbat. Ils dirent : « Il y a ici un certain Babylonien dont le nom est Hillel, qui a étudié avec (שמש) Shemaya et Abtalion. Il sait si le sacrifice pascal l'emporte ou non sur le sabbat » — « Peut-il être de quelque utilité ! ? [22] » Ils l'envoyèrent chercher. Ils lui dirent : « As-tu jamais *entendu dire* si, lorsque le 14 Nisân coïncide avec un sabbat, il l'emporte ou non sur lui ? »

Hillel tente de prouver le point par divers raisonnements, à fondement biblique ou non, et en utilisant ses règles d'interprétation, mais les autres refusent ses raisons ou les réfutent, et concluent : « *Il n'y a rien à tirer de ce Babylonien !* »

Bien qu'il fût resté à leur donner des explications tout le jour, ils ne l'acceptèrent pas jusqu'à ce qu'il leur eût dit : « Malheur à moi (יבוא עלי) ! C'est ce que j'ai reçu de Shemaya et Abtalion. » Quand ils eurent entendu dire cela, ils se levèrent et le désignèrent comme patriarche (נשיא).

---

21. Les deux autres versions sont en *TPasha* 4:13-14 et *BPesahim* 66a ; la première (*Tosefta*) est la plus différente de celle qui est présentée : plus courte, omettant les noms de Shemaya, Abtalion et Bathyra, elle situe la scène au Temple et place l'intronisation de Hillel en fin de récit (quand il a montré qu'il connaît la *Mishna*) ; bien qu'elle soit chronologiquement la plus ancienne, on montre ailleurs qu'elle ne peut être préférée, car elle remanie la scène en fonction de la *halakha* ultérieure, selon laquelle le sacrifice pascal doit se faire au Temple, cf. Étienne NODET, *Essai sur les origines du judaïsme*, Paris, 1992 : 226 s. La seconde version (*Babli*) représente une forme intermédiaire. Cf. Jacob NEUSNER, *Le judaïsme à l'aube du christianisme*, Paris, 1986 : 113 s., pour une analyse différente, et id., *The Tosefta. Second Division, Moed*, New York, 1981 : 136 s.

22. Ou, moins probablement : « Peut-être est-il de quelque utilité » (sans ironie).

2. Quand ils l'eurent proclamé patriarche, il commença à les critiquer, disant : « Qu'est-ce qui vous a poussés à avoir besoin de ce Babylonien ? Est-ce donc que vous ne serviez pas les deux grands de ce monde, Shemaya et Abtalion, qui siégeaient parmi vous ? » En les critiquant, il en oublia la *halakha*.

3. Ils lui dirent : « Que ferons-nous pour des gens qui ont oublié leur couteau ? » Il leur répondit : « J'ai entendu la réponse, mais j'ai oublié. Mais laissez Israël. S'ils ne sont pas prophètes, ils sont fils de prophètes. » Aussitôt, ceux dont la Pâque était un agneau cachaient [le couteau] dans sa laine ; ceux qui avaient un chevreau le liaient entre les cornes. Ainsi leurs victimes se trouvèrent-elles amener leurs couteaux avec elles. Quand il vit ce qu'ils faisaient, il se rappela la *halakha*. Il leur dit : « Malheur à moi si ce n'est pas ce que j'ai entendu [23] de Shemaya et Abtalion ! »

Les trois parties du récit indiquées se terminent chacune par la mention de Shemaya et Abtalion, prédécesseurs absents de Hillel (et Shammaï). La partie médiane sert de relais entre les deux autres, qui sont parallèles : la première partie est une question générale, qui ignore la *Mishna* ; la dernière est une question très particulière, qui la suppose, et qui est mise en scène plus ou moins clairement au Temple, conformément à la tradition qui veut que l'immolation de la victime pascale ait lieu au sanctuaire, et sa consommation dans les parvis, ou au moins à Jérusalem (*TPesaḥim* 8 : 16 s.). On peut montrer que cette opinion mishnaïque voile d'autres usages plus anciens : au moins dans certains milieux, l'agneau pascal était sacrifié et consommé hors du Temple, avant comme après la destruction[24]. Le récit étudié est donc un ensemble composite, qui intègre dans une perspective mishnaïque des coutumes autres ; on ne considérera ici que ces dernières, qui sont sous-

---

23. Leçon de la Geniza (SCHECHTER : יבוא עליי אם לא שמעתי, cf. Saul LIEBERMAN, *Haye-rushalmi kiphshuṭo*, Jerusalem, 1934 : 466 ; les mss ont יבוא עליי כך שמעתי « Malheur à moi ! Ainsi ai-je entendu... » [correction]).

24. *MPesaḥim* 7 : 2 rapporte que R. Gamaliel II (de Yabné) ordonna à son serviteur Tabi de « leur » rôtir la Pâque sur un gril (et non directement au feu), ce qui suggère une persistance du sacrifice de l'agneau pascal après la ruine du Temple ; *BPesaḥim* 53a parle d'un notable juif de Rome, Théodose qui avait instauré la coutume de préparer des agneaux entiers pour la Pâque. Josèphe lui-même déclare (à Rome) qu'on offre encore l'agneau pascal de son temps, cf. *AJ* 2 : 313. De fait, la suspension générale des sacrifices après la ruine ne s'applique pas à proprement parler, car le précepte est de consommer, et l'immolation n'est qu'une implication nécessaire.

jacentes à la première partie, c'est-à-dire à l'intronisation de Hillel proprement dite.

L'examen que subit Hillel est remarquable à plus d'un titre :

a. L'entité qui interroge Hillel a le pouvoir de le nommer patriarche ; pourtant, il n'est pas dit qu'il s'agisse d'un sanhédrin, mais seulement des « anciens de Bathyra », qui sont peu attestés par ailleurs, mais ont des attaches babyloniennes[25].

b. Les maîtres évoqués, Shemaya et Abtalion, sont connus de tous mais absents et non remplacés ; *BPesaḥim* 66a affirme qu'ils étaient respectivement patriarche et président du sanhédrin ; l'information n'est pas confirmée par Josèphe (cf. ci-après) et peut être tenue pour douteuse, mais il faut leur reconnaître un rang notable. Quoiqu'il en soit, d'autres passages indiquent une discontinuité entre eux et leurs successeurs (cf. *MEduyot* 1 : 3) ; leur autorité est intacte, mais ils sont inaccessibles : il faut donc les tenir pour morts ou tués, mais en tout cas sans avoir pu établir de succession.

c. Le profil du candidat recherché est particulier : un Babylonien qui ait fréquenté ces maîtres pharisiens de Judée. Certains contestent cependant le Babylonien comme tel. Il y a donc un problème d'unification de différents courants.

d. Le contexte de la question posée n'est pas académique, mais indique une urgence concrète, pour laquelle il manque une autorité sur deux plans, traditionnel et immédiat : la *Mishna* telle qu'éditée deux siècles plus tard n'est pas connue, ce qui est concevable, mais surtout il n'y a pas alors d'instance dirigeante, pas de maître investi de l'autorité décisionnaire voulue.

e. La question elle-même est singulière, car selon le calendrier lunaire usuel Pâque tombe le sabbat une année sur sept en moyenne. S'il s'agissait d'un point très particulier comme dans la troisième partie, on pourrait comprendre que le souvenir collectif soit diffus et qu'il faille trancher une discussion ; mais tel n'est même pas le cas, puisque tout le peuple est « fils de prophètes », et se souvient du détail utile. Ici, la question est générale, puis dans sa dialectique Hillel cherche une solution globale, et la réponse finale n'est même pas donnée claire-

---

25. *BPesaḥim* 66a a בני בתירא « ceux de Bathyra ». Un Yehuda b. Bathyra est connu, à la fin du Iᵉʳ s., comme chef de l'académie de Nisibis en Babylonie, cf. *BPesaḥim* 3b.

ment. Il y a donc quelque invraisemblance à ce que toute l'assemblée habilitée à promouvoir Hillel, ou au moins reconnue après coup, ait oublié un point coutumier aussi global, donc aussi simple, et tel est justement l'objet de la colère de Hillel dans le paragraphe de liaison (deuxième partie).

La rédaction de l'épisode présente donc sous une forme très ramassée un faisceau de problèmes. Commençons par l'absence des maîtres. Josèphe fournit quelques indications peu cohérentes, qui permettent cependant une mise en perspective : selon *AJ* 15 : 3, « le pharisien Pollion et son disciple Saméas » furent en honneur auprès d'Hérode, car ils avaient conseillé aux habitants de Jérusalem de lui ouvrir ses portes. Si Pollion est bien un équivalent (latin) pour Abtalion[26], la transcription « Saméas » peut provenir de Shemaya, son collègue, tout comme de Shammaï, son disciple, ce dernier étant le plus vraisemblable ici. Cependant, *AJ* 14 : 172 rapporte qu'un certain Saméas, membre du sanhédrin, « homme juste et par conséquent au-dessus de toute crainte », reproche à la cour et au roi Hyrcan leur couardise face aux crimes d'Hérode, lors du procès évoqué plus haut où ce dernier doit répondre du meurtre d'Ézéchias. Plus tard, Josèphe attribue cette intervention à Pollion (15 : 4), qui aurait recommandé au sanhédrin de se débarrasser d'Hérode. Il les confond donc, ce qui invite plutôt à les supposer de la même génération, donc Saméas serait Shemaya. L'information de Josèphe paraît imprécise, et sa négligence est proverbiale, mais en réalité la question est largement artificielle, car Shemaya et Shammaï sont deux formes du même nom qui peuvent être toutes deux transcrites « Saméas »[27]. En outre, on devine Josèphe mal à l'aise avec ses sources, car d'un côté Hérode réprime les pharisiens, qui ne craignent pas de tenir tête au roi (17 : 41 s.), et de l'autre, lorsqu'il fait mettre à mort tout le sanhédrin, il épargne justement Saméas, le seul qui ait osé inter-

---

26. Cf. Louis H. FELDMAN, « The Identity of Pollion, the Pharisee, in Josephus », *JQR* 49, 1958 : 53-62.

27. שמאי étant une abréviation de שמעיה, comme Jannée (ינאי) l'est de Jean (יחנן), etc. ; cf. discussion et exemples de J. DÉREMBOURG, *Histoire...* : 95, n. 1. On ne peut exclure que Shammaï soit un dédoublement de Shemaya-Saméas, mis délibérément *après* Hillel, cf. Jacob NEUSNER, *The Rabbinic Traditions about the Pharisees Before 70*, Leiden, 1971, 1 : 158-159, qui conteste tout lien entre Josèphe et la tradition rabbinique.

venir. Josèphe s'efforce ensuite de trouver une explication (14 : 176), qui en réalité n'a trait qu'à Pollion (15 : 370), et non à Saméas.

Il y a donc une confusion certaine, mais le discours que Josèphe met dans la bouche de Saméas au moment du procès d'Hérode fournit une clé : s'adressant à Hérode, il ne lui fait aucun reproche pour s'être mis au-dessus de la légalité, mais il s'en prend uniquement aux sanhédrites et au roi Hyrcan II de ne pas oser lui résister, et il annonce qu'Hérode devenu roi les tuera tous. C'est ce qu'il fit, poursuit aussitôt Josèphe, en arrivant au pouvoir dix ans plus tard, en 37, mais Saméas et/ou Pollion furent épargnés. Le discours de Saméas est habile, mais purement courtisan, et impossible de la part d'un juge intègre : il réussit en effet la performance d'afficher sa liberté d'expression tout en s'attirant les bonnes grâces d'Hérode, d'où sa survie ultérieure. En fait, ce n'est pas Saméas qui parle, mais Josèphe, qui s'efforce de concilier son admiration pour Hérode et son choix propharisien, alors qu'il s'agit de deux camps ennemis. Par ailleurs, l'intronisation de Hillel a montré une discontinuité entre Shemaya et Abtalion et leurs successeurs, dans une ambiance de crise, et il faut plutôt comprendre que ces maîtres ont disparu avec l'élimination du sanhédrin par Hérode. Cette élimination n'a d'ailleurs pas nécessairement eu lieu dès l'arrivée au pouvoir d'Hérode, car Josèphe est très imprécis sur ce point. Par ses manipulations, Josèphe donne cependant une information utile : il sait que Shemaya et Abtalion sont importants dans la mémoire pharisienne, parce qu'ayant disparu sous Hérode leur réputation leur a valu une postérité indirecte, et il essaie simplement de disculper Hérode en affirmant que ses purges ont eu lieu *avant* leur disparition.

Une autre explication est cependant possible, en admettant les renseignements donnés par Josèphe comme véridiques, à savoir que la succession proclamée de Shemaya et Abtalion à Hillel (et Shammaï) soit un simple artifice littéraire. Dans la seconde partie du récit, en effet, Hillel se met en colère, affirmant que toute l'assemblée a entendu l'enseignement de Shemaya et Abtalion. Dans la première partie, au contraire, personne ne les a entendus, et d'ailleurs nul ne dit qu'ils soient morts. Dans ce cas, l'élévation de Hillel avec un titre anachronique, donc la composition littéraire de l'épisode, résulterait de la combinaison de l'origine babylonienne, représentée par la colonie de Bathyra et Hillel, et de l'enseignement pharisien de Jérusalem. Cette double source correspondrait alors, comme on le montre plus loin (§ IV), au dédoublement des fondateurs de l'école de Yabné : Yoḥanan b. Zakkaï, Galiléen disciple de Hillel, et Gamaliel, notable pharisien de Jérusalem.

Il reste encore à expliquer l'émergence des anciens de Bathyra, qui ne constituent nulle part un corps permanent. Là encore, Josèphe se trahit : il dit que beaucoup étaient venus s'établir dans la fondation de Zamaris *car ils se sentaient en sécurité*. Hérode a persécuté les pharisiens, mais n'a pas touché au statut de cette colonie, pour des raisons très claires de politique générale à l'égard des Babyloniens et des Parthes. C'était donc un refuge, peut-être avec des moments spécialement dramatiques, mais en tout cas précieux pour tous ceux qui ne pouvaient espérer de protection des milieux sacerdotaux, forcément inféodés à Hérode. Il faut donc considérer que, dans des circonstances certes mal connues, ce regroupement informel s'est organisé, de manière permanente ou non, avec le Babylonien Hillel et que certains milieux ont considéré *après coup* qu'il avait pris la succession du sanhédrin : le titre de patriarche est évidemment postérieur, et il n'est donc pas anormal que Josèphe ait négligé des événements aussi latéraux. Peut-être même avait-il eu l'écho de *plusieurs* successions concurrentes de ces maîtres, lui-même étant plus ou moins candidat.

La question posée à Hillel fournit encore quelques renseignements complémentaires : on a vu l'invraisemblance de l'oubli général du précepte, si l'on s'en tient au calendrier lunaire. D'un autre côté, si l'on considère le calendrier des *Jubilés*, la question posée est absurde : en effet, selon ce calendrier[28], qui ne dépend aucunement de la lune, l'année est divisée en quatre trimestres de treize semaines, soit 364 jours ; chaque trimestre commence toujours un mercredi (quatrième jour) ; par conséquent le 14 Nisân, qui est nécessairement un mardi, ne peut tomber un sabbat ; de même, la Pentecôte selon ce comput est toujours un dimanche. Certains sectaires de Qumrân et les samaritains utilisaient ce calendrier, et l'une des définitions que Josèphe donne des esséniens, gens pieux, correspond bien à des colons ruraux qu'on peut imaginer loin de Judée. Il est cependant un cas où la question posée a un sens

---

28. Cf. Annie JAUBERT, *La Date de la Cène. Calendrier biblique et liturgie chrétienne* (Études Bibliques), Paris, Gabalda, 1957 : 23 s.

simple et concret : si quelqu'un change de calendrier et adopte le système lunaire, la concurrence entre le sabbat et Pâque va être un problème nouveau, qui se pose fatalement un jour. Si les persécutions avaient rendu le rassemblement hétéroclite, il est possible de comprendre qu'en atmosphère de crise, le groupe ait cherché à s'unifier, au moins momentanément. À cet égard, le choix (plus ou moins unanime) de Hillel, c'est-à-dire d'un Babylonien qui est en outre disciple de pharisiens de Jérusalem, est parfaitement conforme à l'esprit de la tradition rabbinique (comme on le verra à propos de Natân, § V) ; il n'est pas nécessaire de suspecter le récit, mais plutôt de noter que les Tannaïtes sont bien les héritiers de Hillel. D'autre part, la réponse finale de ce dernier n'est pas directement formulée, redisons-le : peut-être a-t-il su s'imposer comme acceptant des différences ; peut-être les pharisiens rescapés de Judée n'ont-ils accepté un Babylonien qu'en échange de l'abandon par d'autres du calendrier « sectaire ». Quoi qu'il en soit de telles conjectures, c'est à partir de Hillel que la tradition rabbinique connaît des débats *internes*, supposant des nuances entre diverses traditions : Shammaï est inséparable de Hillel, et leurs « écoles » ont duré après eux. On note enfin le discrédit de l'argument scripturaire, et l'importance accordée à la tradition orale, dans des circonstances de quasi-discontinuité.

Quant à la célébration de la Pâque, si curieusement mal connue, un autre aspect doit être évoqué ici, en observant que Hillel commence par des raisonnements bibliques, et qu'il ne rapporte aucune coutume babylonienne ; à vrai dire, on ne lui en demande pas. Or, il existe justement des traces d'une tradition babylonienne ignorant cette fête, qui est éminemment biblique : 1. dans le livre d'*Esther*, qui est le récit de fondation d'une fête commémorant, après une oppression, la libération des Juifs *sur place* en « Babylonie » (à la différence de l'*Exode*, où la libération d'Israélites est liée à une migration hors d'Égypte), il est proclamé un jeûne de trois jours un 13 Nisân (3, 12 s.), remarquablement incompatible avec le précepte de manger la Pâque le 14 ; bien entendu, la coïncidence peut être fortuite ou intentionnelle ; 2. le traité de la *Mishna* sur la proclamation de l'écriture (*Megila*) s'attache d'abord au rouleau d'Esther (qui doit être écrit en caractères araméens, mais en langue hébraïque), et accessoirement au Pentateuque ; c'est la trace d'une grande importance, à un moment donné, de la fête de

Purim (ou « Jour de Mardochée », selon *2 Mac* 15, 36, d'inspiration pharisienne) ; 3. une discussion talmudique (sur *MMegila* 1 : 1) peine à expliquer la prééminence mishnaïque du sabbat sur Purim, c'est-à-dire à justifier les circonstances d'un déclassement de cette fête, alors que la question à Hillel suppose un contexte de promotion de la Pâque (plus importante que le sabbat) ; il est notable en outre que ce soit le sabbat qui serve de point de repère dans les deux cas ; 4. il y a des raisons de penser, en considérant la LXX et particulièrement la « recension lucianique », que le TM d'*Esther*, court et sécularisé, correspond à ce déclassement rabbinique, alors que Josèphe témoigne d'un texte *hébreu* long (avec prières), et se désolidarise de cette fête bien peu judéenne : il dit qu'elle est célébrée par « les Juifs » (*AJ* 11 : 295), et non pas par « nous », comme il le dit pour d'autres solennités. En arrière-plan d'un débat technique sur la promotion de la Pâque contre Purim, il y a évidemment le problème essentiel de l'importance ou non de l'immigration en Terre d'Israël : il n'est nullement invraisemblable que les Babyloniens préfèrent Purim *chez eux*, et aient peu à dire sur la Pâque, d'autant plus que la tradition orale pharisienne ne dérive pas du Pentateuque[29] ; réciproquement, il est remarquable, mais finalement très naturel, que *Esther* soit le seul livre de la Bible hébraïque dont on n'ait trouvé aucune trace dans les manuscrits du désert de Judée[30].

La discontinuité que résout la promotion de Hillel n'est pas la première du genre. Une crise analogue est indiquée en *BQidushin* 66a : quelque soixante ans auparavant, lorsque Alexandre Jannée avait massacré tous les docteurs, la tradition orale avait disparu, jusqu'à ce que Siméon b. Shetaḥ (ou Shaṭṭaḥ), prédécesseur de Shemaya et Abtalion selon la notice citée de *MAbot* 1 : 8, « restaure la Torah dans son état

---

29. Ce point est développé dans É. NODET, *Essai...* (cité n. 21) : 151 s., où l'on donne des raisons de rapprocher le Pentateuque des samaritains, c'est-à-dire des Israélites locaux. Dans la perspective indiquée, la célébration juive de la Pâque, telle que fixée par les tannaïtes, mériterait une étude particulière.

30. Les textes étudiés par Joseph T. MILIK, « Les modèles araméens du livre d'*Esther* dans la Grotte 4 de Qumrân », *RQ* 15 (1992) : 321-399, soulignent l'origine orientale du livre ; l'auteur conclut, avec une argumentation toute différente, fondée sur les versions, que le TM est une traduction tardive. Ce résultat est intéressant, mais il est curieusement rattaché à l'idée d'une *promotion* après 70 de la fête de Purim.

primitif ». Josèphe (*AJ* 13 : 293 s.) met à tort l'épisode sous Jean Hyrcan[31].

On voit ainsi que si les flux babyloniens sont permanents, si la diffusion populaire du mouvement pharisien est certaine, en particulier dans la Diaspora, ce que Josèphe souligne, l'établissement d'une continuité pharisienne *en Judée* est toujours très ténu, et se heurte au pouvoir civil et sacerdotal. La conclusion utile est que cette précarité pharisienne en Judée s'oppose à une permanence plus nette, quoique plus discrète, en Galilée, ce qu'on va développer plus loin. La tradition rabbinique, qui atténue la marginalité et la précarité de Hillel, voile quelque peu ce fait, comme on va le voir, de manière à souligner qu'elle est héritière de l'ensemble des institutions juives légitimes d'avant la ruine du Temple.

Avant et après la ruine de Jérusalem

Ce n'est pas le lieu de reprendre les difficultés de la guerre de Galilée en 66 et du rôle exact que joua Josèphe. Les deux relations qu'il en donne (*Vie* § 20 s. et *G* 2 : 430 s.), à quelque vingt ans de distance, sont si peu cohérentes qu'aucune vue d'ensemble ne se dégage. Pour notre propos, retenons seulement que S. Cohen a montré[32] qu'une des clés pour comprendre la nouvelle rédaction de *Vie* est le souci qu'a Joseph de se montrer pharisien observant, et donc de décrier systématiquement la fidélité religieuse des Galiléens, ou au moins de leurs chefs. Si l'on prend le contre-pied de cette vue tendancieuse, l'on retrouve une Galilée juive très forte, avec une frange zélote notable.

Dans une étude très documentée[33], S. Safrai montre que la tradition rabbinique reconnaît pleinement le caractère juif (pharisien) de la Galilée au premier siècle, avant et après la ruine de Jérusalem, et

31. Cf. Emmanuelle MAIN, « Les sadducéens selon Josèphe », *RB* 97, 1990 : 193 s. À nouveau, l'erreur de Josèphe n'est pas entièrement innocente, car elle a pour effet d'atténuer une rupture dynastique entre Jean Hyrcan et Alexandre Jannée, cf. Étienne NODET, « Mattathias, samaritains et Asmonéens », à paraître dans *Transeuphratène*, 1993.

32. Shaye J. D. COHEN, *Josephus in Galilee and Rome : His* Vita *and Development as a Historian* (Columbia Studies in the Classical Tradition, VIII), Leiden, 1979 : 242.

33. Shmuel SAFRAI, « The Jewish Cultural Nature of Galilee in the First Century », *Immanuel* 24/25, 1990 : 147-186, paru en août 1992.

conclut même que le judaïsme, au sens de ladite tradition, y était peut-être mieux implanté qu'en Judée[34]. Ce résultat peut être prolongé.

Commençons par l'école de Yabné, où se distinguèrent deux personnages de premier plan : le fondateur Yoḥanan b. Zakkaï, et son successeur immédiat Gamaliel II. La ville de Yabné-Jamnia, sise entre Jaffa et Ashqelôn à 10 km de la mer, mais dotée d'un port et d'un territoire, avait été donnée par Hérode à sa sœur Salomé (*G* 2 : 98) ; à sa mort elle passa à l'impératrice Livia et semble avoir été ensuite une propriété personnelle de Tibère, donc juridiquement hors Judée. Philon signale cependant que la population était en majorité juive[35] (*Legatio*, § 200-203). Plus tard, en 68, lors des prolongements en Judée de la guerre de Galilée, Vespasien avait amené avec lui de « nombreux citoyens qui s'étaient rendus contre des droits », et avait installé des garnisons à Yabné et à Ashdod (*G* 4 : 130). Ensuite, dans des circonstances sur lesquelles Josèphe ne donne aucun détail, il réduisit entre autres les séditions de Lod et Yabné, et « y installa comme habitants un nombre suffisant de Juifs qui s'étaient ralliés à lui » (*G* 4 : 444). L'enchaînement des faits est heurté, mais on devine en arrière-plan une politique avisée, à un moment où le désordre menace la fin du règne de Néron : comme Hérode au temps de la colonie de Bathyra, Vespasien installe des Juifs qui lui sont fidèles en des lieux bien choisis. Plus tard, c'est Titus, son fils, qui conduisit la guerre de Judée en 70. Il tenta une politique semblable, mais apparemment sans succès : lorsque les grands-prêtres et d'autres notables vinrent se rendre pendant le siège

---

34. Il complète en fait l'étude d'Aharon OPPENHEIMER, *Galilee in the Mishnaic Period*, Jerusalem, Zalman Shazar Center, 1991, qui rappelle, avec toutes les références utiles, que les travaux sur la Galilée juive avant la ruine du Temple, et en particulier au temps de Jésus, ont été souvent entachés de préjugés apologétiques : pour les uns (cf. SCHÜRER-VERMES, cité plus haut), il s'agit d'une région marginale par rapport à la Judée, où le judaïsme est plus « libéral » ; pour d'autres (en particulier BÜCHLER), les deux régions sont culturellement homogènes, quoique de développement distinct. OPPENHEIMER lui-même appartient en fait à la seconde catégorie, cf. *RB* 100, 1993 : 145 s. Auparavant, W. D. DAVIES, *The Setting of the Sermon on the Mount*, Cambridge, 1964 : 450-451, avait entrevu dans un bref appendice quelques nuances entre Galilée et Judée juives, mais en sous-estimant l'observance *légale* en Galilée.

35. Les non-Juifs étant des métèques, ce qui laisse entendre que les Juifs disposaient d'un statut (comme dans une ville impériale), mais la ville était administrée par un procurateur ; PHILON explique que l'affaire de la statue de Caligula au Temple a commencé par une provocation à Yabné, où ces métèques dressèrent un autel de brique et y sacrifièrent. Selon STRABON, *Geographica*, 16, 2, 28, la région de Jamnia (qu'il décrit au temps d'Hérode comme un village, et non comme une *polis*) pouvait armer 40 000 hommes, ce qui est considérable.

au commandement romain, ils furent transférés en résidence surveillée à Gophna en Judée ; mais lorsque peu après le bruit courut dans Jérusalem qu'on ne les voyait plus parce qu'ils avaient été tués, Titus les fit montrer aux assiégés pour les convaincre de se rendre (G 6 : 114 s)[36].

C'est dans ce contexte qu'on peut interpréter les données rabbiniques sur la fondation de Yoḥanan, car elles sont très fragmentaires : d'un côté il est dit qu'il se rendit à Vespasien, lui prédit qu'il deviendrait empereur, et en obtint de s'installer à Yabné avec quelques docteurs ; de l'autre, il est rapporté qu'ayant tenté en vain, dans Jérusalem durement assiégée, de persuader ses concitoyens d'interrompre une guerre vaine, il aurait fui la ville caché dans un cercueil pour se rendre à Vespasien et en obtenir des concessions (*Abot R. Nathan* A, 4)[37]. Ces récits sont analysés depuis longtemps, car ils sont difficiles à concilier : l'affaire de la fuite pendant le siège de Jérusalem convient sous Titus mais non sous Vespasien, alors que la prédiction ne peut convenir qu'à Vespasien. Les discussions des historiens modernes portent le plus souvent sur le seul point de savoir sous lequel des deux généraux a eu lieu l'épisode, quitte à interpréter une éventuelle trahison, mais en supposant toujours que Yoḥanan b. Zakkaï venait de Jérusalem. Or, ce point capital est douteux[38]. D'abord, Josèphe, qui n'omet rien de ce qui compte socialement, l'ignore, alors qu'il connaît Simon b. Gamaliel, personnalité pharisienne de Jérusalem et père de Gamaliel II. Ensuite, la vie active avant Yabné de Yoḥanan, connue seulement des sources rabbiniques, consiste à avoir tenu une école pendant quelque vingt ans à Arab, près de Séphoris, donc en Galilée, mais avec un succès très modéré (*YShabbat* 16 : 8, p. 15d). De plus, une curieuse

---

36. Cette soumission des prêtres pose le problème d'une possible restauration du culte après la guerre, cf. Kenneth W. CLARK, « Worship in the Jerusalem Temple after 70 », *NTS* 6, 1960 : 269-280 ; cf. aussi n. 44.

37. Ces récits sont transmis sous plusieurs versions, présentées et commentées par Jacob NEUSNER, *A Life of Yohanan ben Zakkai, Ca. 1-80 C. E.* (Studia Post-Biblica, 6), Leiden, 1970² : 152 s. On adopte ici des conclusions assez différentes, sauf pour la date de l'arrivée à Yabné de Yoḥanan.

38. Malgré des légendes le donnant comme témoin de l'incendie du Temple (*Abot RN* B, 7) ; pour consoler un collègue, il déclare qu'il y a un mode d'expiation qui est aussi efficace que la charité, *i. e.* la charité (*op. cit.,* A, 4), ce qui est une manière de *nier* le Temple, car ce précepte existait bien avant, cf. *MAbot* 1 : 2, qui l'attribue à Simon le Juste. Dans le même esprit, la fameuse déclaration de Hillel à un prosélyte (« Ne fais pas aux autres ce que tu ne voudrais pas qu'on te fît. Tel est l'essentiel de la Loi ; le reste n'est que commentaires. Va étudier », *BShabbat* 31a) nie aussi le culte.

légende chrétienne raconte, toujours en Galilée, que son père (Zakkaï/Zachée) dut s'incliner devant la science de Jésus enfant (*Év. de Thomas* § 6-8)[39]. Une certaine rumeur s'est donc conservée des attaches galiléennes de Yoḥanan b. Zakkaï, peut-être dans des milieux judéo-chrétiens de Galilée[40]. Enfin, il est donné comme étant l'ultime disciple de Hillel l'Ancien (*BMegila* 13a). Or ce dernier, Babylonien, a justement été promu par les « anciens de Bathyra », et il n'y a pas de raison décisive, bien au contraire, pour situer l'événement hors de Galilée.

Rien n'indique que Hillel ou Yoḥanan b. Zakkaï se soient jamais fixés durablement à Jérusalem, ce qui n'exclut évidemment pas qu'ils s'y soient rendus en pèlerins, ou même qu'ils y aient enseigné et eu des disciples[41]. Les attaches galiléennes, avec en arrière-plan le judaïsme babylonien, sont au contraire très nettes, ainsi qu'une certaine innocence politique qui n'est pas sans rappeler celle des Assidéens de *1 Mac* 7, 13 s.[42], que craint le grand-prêtre. Dans ces conditions, la fondation de l'école de Yabné s'explique par une hypothèse très simple, dans le cadre indiqué de la campagne de Vespasien en 68 : Yoḥanan, inconnu à Jérusalem, serait du nombre des Galiléens soumis installés à Yabné, ville de Judée détachée de Jérusalem[43]. Sa prédiction à Vespasien viendrait alors de Galilée, tout comme celle de Josèphe à Yotapata (*G* 3 : 401), mais avec un autre sens. La priorité serait donc donnée à la première des versions citées. Quant à l'évasion de Yoḥanan de Jérusalem affamée *sous Vespasien*, qu'indiquait la seconde version, elle résulte alors d'une fusion de deux motifs : une évasion de Yoḥanan sous Vespasien hors d'un lieu assiégé inconnu, et une évasion hors de Jérusalem sous Titus de personnages inconnus. Ce deuxième motif

39. Légende qui a circulé, car elle est connue d'IRÉNÉE, *Adv. Haereses*, 1, 20, 1. Il y a d'ailleurs quelques parentés entre des paraboles (sur le royaume) de Jésus et de Yoḥanan b. Zakkaï, cf. *Mt* 22,1-14 p. et *BShabbat* 153a.

40. Cf. la discussion de Jacob NEUSNER, *Yohanan ben Zakkai...* : 53-56.

41. Selon *BPesaḥim* 26a, il enseignait un peu partout sur le parvis. ; selon *THagiga* 2 : 11, il enseigne à l'occasion d'un pèlerinage.

42. Tels qu'interprétés par John KAMPEN, *The Hasideans and the Origin of Pharisaism. A Study in 1 and 2 Maccabees* (SBL, Septuagint and Cognate Studies, 24), Atlanta (Virg.), 1988.

43. Selon *BRosh haShana* 29 : 2, des gens de Bathyra (בני בתירא) se trouvent aussi à Yabné dès les débuts, avec un rang notable ; plus tard, un Juda b. Bathyra fut contemporain d'Aqiba (*MKelim* 2 : 4), mais partit fonder (ou reprendre) une école à Nisibis en Mésopotamie (*Sifré Deut* § 80).

pourrait être une réinterprétation très motivée de la déportation de prêtres à Gophna par Titus, de manière à montrer que l'école de Yabné, bien qu'étrangère à l'influence sacerdotale proprement dite, était cependant héritière des traditions relatives au Temple ; divers témoignages montrent d'ailleurs des tensions entre Yoḥanan b. Zakkaï, toujours opposé aux sadducéens, et certains prêtres (cf. *MEduyot* 8 : 3, *MSheqalim* 1 : 4, etc.)[44].

Cette conclusion, fixant à l'école de Yabné un début modeste *avant* la ruine de Jérusalem, éclaire d'autres points[45]. D'abord, Yoḥanan ne cite jamais son maître Hillel (ni aucun autre), mais on lui attribue de nombreuses décisions relatives à des questions de calendrier[46] ou de rites ; il n'est donc pas au premier chef un transmetteur, mais, les circonstances aidant, un organisateur, qui rencontra d'ailleurs de nombreuses oppositions ; il eut aussi des disciples notables (*MAbot* 2 : 8), parmi lesquels un prêtre, ainsi que Éliézer et Yehoshua qui célébrèrent la traduction d'Aquila ; on peut même ajouter qu'il craint l'autorité croissante de la référence scripturaire[47]. Ensuite, son successeur Gamaliel II (vers 90) fut un personnage d'une autre envergure. Son grand-père Gamaliel I, le maître de St Paul, et son père Simon, que connaît Josèphe, étaient des notables pharisiens connus de Jérusalem. Cependant, la tradition veut que Gamaliel I ait été le fils ou peut-être le petit-fils de Hillel, lui-même descendant de David, mais cette af-

---

44. Cf. Alexander Guttman, « The End of the Jewish Sacrificial Cult », *HUCA* 38, 1967 : 137-148, qui, bien que maintenant les vues traditionnelles sur l'autorité patriarcale à Jérusalem des hillelites (Gamaliel, Simon...), insiste, sources à l'appui, sur l'opposition de Yohanan à la guerre contre les Romains tout comme aux sadducéens, aux prêtres et au culte du Temple. Cf. aussi n. 36.

45. Laissés obscurs dans la synthèse de Peter Schäfer, « Die Flucht Johanan b. Zakkais aus Jerusalem und die Gründung des "Lehrhauses" in Jabne », *ANRW* II.19.2 (1979) : 43-101, car il néglige le facteur galiléen.

46. Fixant l'autorité pour l'établissement du calendrier, il est notable qu'il définisse pour l'accueil des témoins de la nouvelle lune un lieu (בית הועד), même si le responsable de ce lieu (président du tribunal, patriarche) est absent (*MRosh haShana* 4 : 4) ; *MEduyot* 7 : 7 raconte un fait indiquant que tel était l'usage à Yabné (Gamaliel absent). *MRosh haShana* 3 : 1 dit même qu'il suffit d'un tribunal de trois, d'où des controverses ultérieures sur le rôle du sanhédrin de Jérusalem au temps où il existait (cf. Maïmonide, *Sefer haMiṣvot*, ʿaśeh 153), car un autre dit affirme que seul celui-ci avait le pouvoir d'ajouter un mois intercalaire (*MekhRI boʿ* § 2). On peut se demander s'il y a eu succession ou concurrence.

47. Selon *Soṭa* 5 : 2, il craint que dans l'avenir le statut de l'impureté de troisième degré ne soit oublié, faute d'appui scripturaire, mais Aqiba finit par en trouver un, fondé sur un détail de la lettre hébraïque ; les lois sur l'impureté sont donc traditionnelles, mais le problème de leur oubli est *nouveau*.

firmation doit être tenue pour douteuse, car il s'agit au plus de la légitimation ultérieure de la dynastie patriarcale, et même surtout du patriarche Judas : *MAbot* 1 : 16 présente Gamaliel I, dans la chaîne des transmetteurs, aussitôt après Hillel (et Shammaï), mais sans indiquer de lien familial[48] ni de relation scolaire privilégiée, et signale en outre qu'un de ses aphorismes était qu'il faut « se choisir un maître » ; ce pourrait être un écho de sa propre situation, ou moins probablement l'indice d'un certain libéralisme. Littérairement, la discontinuité est même plus grande qu'entre Hillel et ses prédécesseurs, et de plus c'est Yoḥanan b. Zakkaï et non lui qui dans le même passage est donné comme l'héritier de Hillel et Shammaï (2 : 8). Cette discontinuité, cependant, ne subsiste qu'à l'état de trace : tous deux sont bien considérés comme héritiers de l'autorité de Hillel. Hillel lui-même, on l'a vu, conjoint une origine (ou une culture) babylonienne et l'enseignement des pharisiens de Judée, ce qui est bien une façon de dire qu'il est l'ancêtre commun de Yoḥanan et de Gamaliel.

Tous ces détails importent, car ils aident à caractériser Gamaliel II : il renforça le prestige de l'école de Yabné, y fit venir des docteurs et des disciples de valeur, entretint un bon contact avec l'autorité romaine, visita les communautés juives, en particulier en Galilée et à Rome. Cette autorité permit le développement d'autres écoles, dont Lod, et attira à Yabné un spectre de gens d'opinions variées. Plusieurs indices le suggèrent clairement : en premier lieu, la fameuse affaire de la bénédiction contre les « sectaires », qui eut du mal à être adoptée (*YBerakhot* 28b) ; qu'elle ait ou non été dirigée contre des chrétiens, ce qui paraît douteux à l'origine, sa difficulté à percer atteste une lutte entre une tendance pharisienne normalisatrice, peut-être le parti de Yoḥanan, et une tendance plus libérale ou plus soucieuse de l'ensemble du peuple, admettant plusieurs partis (peut-être pour les contrôler, car Gamaliel était autoritaire). De plus, de nombreux dits rabbiniques, qu'il serait trop long d'analyser ici, peuvent se rattacher aux partis décrits par Josèphe, ou les supposent. À ce propos, deuxième indice, il est remarquable de voir Josèphe, qui a parlé des trois partis traditionnels (*haireseis*) que sont les pharisiens, les sadducéens et les

---

48. Selon *YKetubbot* 12 : 3, p. 35a, Judas le Patriarche se présente expressément comme un descendant de Hillel, en exprimant son admiration pour les anciens de Bathyra. La filiation réelle ne peut être entièrement exclue.

esséniens, en introduire un quatrième, les héritiers de Judas le Galiléen
(*AJ* 18 : 23 s.) ; leurs idées, explique-t-il, sont proches de celles des
pharisiens, mais il s'agit d'une folie, responsable de la ruine. Un facteur extérieur l'a donc conduit à considérer cette tendance qu'il juge
déviante comme un parti de plein droit, alors qu'il l'a combattue et
haïe. Comme en outre il définit tous ces partis uniquement par
quelques doctrines, sans lien ni avec le Temple ou le sacerdoce ni avec
aucune institution officielle comme le sanhédrin, il faut conclure que sa
référence est postérieure à la guerre. Il est très possible qu'il ait entendu parler de l'autorité morale grandissante de l'école de Yabné,
voire même d'un début de statut concédé par les Romains (cf.
MEduyot 7 : 7). En effet, aussitôt après la guerre, les Juifs de Judée
avaient été privés de juridiction propre (situation dite de *dediticii*)[49], et
beaucoup avaient choisi comme Josèphe l'intégration dans un statut
romain. Cependant, il ne pouvait aller de soi que l'école de Yabné,
même avec un Gamaliel se conciliant les Romains et perméable à la
culture grecque, soit reconnue par tous comme héritière unique de
l'ensemble des institutions de Jérusalem, en particulier à cause de
l'absence complète d'autorité sacerdotale ; on peut imaginer que
Josèphe l'ait respectée, mais contournée.

Gamaliel était pharisien, mais selon une tendance moins stricte que
beaucoup de Galiléens. Plusieurs anecdotes[50] montrent que lui-même
ou ses fils se soumettaient sans protester, à l'occasion de voyages en
Galilée, à des coutumes locales plus restrictives, mais en même temps,
à Yabné, il tenait à une ouverture plus grande (la tendance « Beth
Hillel »). C'était cependant par souci d'unité plus que par libéralisme,
comme le montrent divers petits faits : il avait à cœur de contrôler les
habilitations à enseigner (*BNida* 24b) et les décisions pratiques, non
sans rigueur parfois ; il tenait à avoir le dernier mot pour la fixation du
calendrier, sans pour autant prétendre être le plus savant (*MRoshH*
2 : 8 s.) ; Yoḥanan b. Zakkaï, qui finit ses jours à Bror Ḥail, paraît bien
avoir été congédié ; Éliézer b. Hyrcan son disciple, connu pour sa fidélité aux enseignements reçus, fut banni (*BBabaM* 59a-b), car il ne se

---

49. Mais la liberté religieuse leur était maintenue (sauf le *fiscus iudaicus*), cf. SCHÜRER-
VERMES, III : 122 s.

50. Traduites et commentées par S. SAFRAI, *op. cit.* (n. 33) : 178 s.

soumettait pas à la majorité. Il s'agit encore, au moins dans ces deux derniers cas, de traditions galiléennes.

D'une façon générale, cependant, l'autorité de Gamaliel comme ethnarque resta instable : il fut une fois momentanément déposé (*BBerakhot* 27b), et aucun de ses fils ne lui succéda directement à sa mort, peut-être en partie du fait des autorités romaines, puisqu'il disparut vers l'époque des révoltes sous Trajan. D'autres éléments permettent de cerner un peu plus sa silhouette et son enseignement : il est raconté qu'après cette révolte, la décision fut prise de proscrire l'étude du grec (ou l'étude *en* grec, *TSoṭa* 15 : 8-9 ; il y a des raisons de croire que cette prohibition n'est pas étrangère à l'apparition en Judée du Nouveau Testament en grec)[51], mais que la maison de Gamaliel fut excusée de le maintenir parce qu'elle était proche du pouvoir romain ; il y a donc un divorce en puissance, en cas de poussée nationaliste. De plus, on voit plus tard Simon II, fils de Gamaliel, fier de l'école de son père et cependant peu au fait de la tradition orale et ayant du mal à imposer son autorité sur l'école d'Usha (*BHorayot* 13b). Il a cependant une tendance propre, comme on le montre plus loin : il est plus sensible à la fidélité aux préceptes *bibliques* [52]. Ces menues indications montrent que Gamaliel et sa lignée, pharisiens venus de Jérusalem, ont une tendance plus ouverte à la culture ambiante et plus biblique que tous les personnages et les coutumes rattachés à la Galilée, qui sont entièrement centrés sur la tradition orale.

Tannaïtes en Galilée

Les causes immédiates de la révolte de Bar Kokhba (132-135) ne sont pas très claires[53]. Les éléments les plus nets se rattachent à la poli-

---

51. Cf. Étienne NODET, « Miettes messianiques », dans : *Messiah and Christos. Studies in the Jewish Origins of Christianity, Presented to David Flusser* (Texte und Studien zum Antiken Judentum, 32), Tübingen, J. B. C. Mohr (Paul Siebeck), 1992 : 119-141.

52. La tradition tardive crédite Yoḥanan d'un vif intérêt pour la Bible (*BSoferim* 16 : 8), en particulier pour l'homilétique, cf. Wilhelm BACHER, *Die Agada der Tannaiten*, Straßburg, 1903, I : 26 s. ; de même, c'est au premier disciple de Hillel, Yonatan b. Uzziel, qu'est attribuée la traduction araméenne des Prophètes (sauf *Dan*, cf. *BMegila* 6a) ; il s'agit encore de projections dans le passé de synthèses ultérieures.

53. Cf. Saul LIEBERMAN, « Persecution of the Jewish Religion », dans : *Festschrift Salo Baron*, Jerusalem, 1979, III : 214 ; Moshe D. HERR, « Causes of the Bar Kokhba Revolt », *Zion* 43, 1978 : 6, avec bibliographie.

tique générale d'Hadrien : prohibition de la circoncision à tous les peuples de l'Empire qui la pratiquaient et projets de fonder ou de rebâtir des villes, Jérusalem n'étant que l'une d'elles. Quant aux causes locales, le midrash *Gen Rabba* (64 : 8, Theodor : 710) laisse entendre qu'Hadrien, qui avait participé à la répression des révoltes juives sous Trajan (115-117), aurait promis de rebâtir le temple de Jérusalem, mais qu'il aurait cédé à l'opposition samaritaine, en suggérant de mettre un temple ailleurs. Un tel projet n'est pas très vraisemblable de la part d'Hadrien lui-même[54], mais il n'est pas impossible qu'à propos de temples l'administration romaine ait cherché à renvoyer Juifs et samaritains dos à dos, à ce moment comme à d'autres ; de fait, un temple à Zeus (ou à Sérapis) fut bâti ensuite sur le Garizim. Il est possible aussi que la révolte ait été déclenchée par la transformation de Jérusalem et de son nom, et en particulier par la disparition du site du Temple, où certains actes cultuels étaient encore possibles, tout comme au Garizim après la ruine du sanctuaire. Quoi qu'il en soit de ses causes immédiates, la guerre fut très dure et dura trois ans et demi. Jérusalem fut ensuite rebâtie sous le nom impérial d'Aelia, et interdite aux Juifs. La circoncision restait illégale (dans l'Empire) ; selon la tradition rabbinique, l'autonomie judiciaire fut abolie (*BSanhedrin* 14a) et l'étude de la Torah fut proscrite en Judée (*MekhRI* 20 : 6). Après la mort d'Hadrien en 138, Antonin le Pieux rétablit la circoncision pour les Juifs, peut-être par mesure d'apaisement à l'occasion la révolte signalée dans l'*Historia Augusta*.

C'est dans ce contexte que des rescapés de Judée émigrèrent en Galilée, en particulier les disciples d'Aqiba, ce maître qui avait cru en Bar Kokhba et avait été supplicié par les Romains. Il n'y avait plus ni sanhédrin ni patriarcat depuis longtemps avant la guerre, du moins selon la tradition rabbinique, car les trouvailles du désert de Judée montrent que Bar Kokhba avait le titre de patriarche (נשיא)[55], et un certain

---

54. Comme le montre Gedaliah ALON, *The Jews in Their Land in the Talmudic Age (70-640 C. E.)*, Jerusalem, 1984, II : 435 s., récusant l'historiographie juive moderne depuis GRAETZ, qui verrait dans l'abandon du projet une cause de la révolte, cf. SCHÜRER-VERMES I : 535. On peut cependant se demander, en sens inverse, si cette légende ne dissimule pas une tentative d'Hadrien pour faire disparaître des restes de culte subsistant à Jérusalem (et au Garizim).

55. D'après les monnaies datées selon l'ère de la « libération d'Israël », cf. références SCHÜRER-VERMES I : 544, n. 133. La tradition rabbinique, qui a banni la mémoire de Bar Kokhba, laisse une lacune correspondant à peu près au règne d'Hadrien entre les patriarcats de

Batnia b. Mesah, inconnu des sources classiques, est désigné dans plusieurs documents par une appellation normalement réservée au patriarche (רבנו)[56]. Selon *YHagiga* 3 : 1 p. 78c, une assemblée des disciples d'Aqiba se réunit sans patriarche dans la plaine de Beth Rimmôn pour fixer le calendrier, ce qui constitue un acte d'autorité majeur, qui établit le rythme des fêtes ; l'absence d'Aqiba suppose l'événement après la guerre. Beth Rimmôn désigne en *2 Rois* 5, 18 le temple où adorait Naamân le Syrien ; selon *Néh* 11, 29 , il existe en Judée une localité Ein Rimmôn. Ici, la plaine de Beth Rimmôn doit être en Judée, car c'est le lieu où est située la discussion antérieure avec Hadrien sur le rétablissement du Temple, mais il est possible que ce nom n'ait qu'une valeur symbolique.

Une assemblée des mêmes se réunit à une date non précisée à Usha[57], non loin de Haïfa, avec en particulier Yehuda b. Ilaï, qui en était originaire. Celui-ci avait été disciple d'Aqiba à Bené-Beraq, et était comme lui un virtuose du *midrash halakha*, c'est-à-dire du rattachement des traditions orales à l'écriture (*BSanhedrin* 86a). Il avait aussi fréquenté l'école de Tarfon (Tryphon) à Lod (*TMegila* 2 : 8). Ce dernier, qui avait été disciple de Gamaliel II et de Yoḥanan b. Zakkaï (*THagiga* 3 : 36), vécut jusqu'à la guerre ; lui aussi est plusieurs fois désigné par des locutions normalement réservées au patriarche[58], et on signale qu'il s'exprimait le premier dans la « vigne de Yabné » (*MYadaïm* 4 : 3). Gamaliel II étant probablement mort avant le règne d'Hadrien, il est possible que Tarfon ait assuré une sorte d'intérim avant la guerre[59], au moins pour l'enseignement. C'était un personnage

---

Gamaliel II et de Simon II son fils, mais laisse entendre que la famille était établie à Bétar, lieu de la défaite finale (*BSoṭa* 48b, *YTaanit* 4 : 69a), et y fut durement touchée ; le renseignement, qui mettrait Bétar vers *Beth Jimāl*, est géographiquement douteux (mais non littérairement, cf. Adolphe NEUBAUER, *La géographie du Talmud*, Paris, 1868 : 103 s.), mais il souligne la solidarité de la famille patriarcale avec les victimes.

56. Dans les lettres du Naḥal Ḥever, cf. Nahman AVIGAD, « The Expedition to the Judean Desert, 1960 : 3-72, et Pierre BENOIT, Joseph T. MILIK & Roland de VAUX, *Les grottes de Murabbaᶜat* (DJD, 2), Oxford, 1961 : 124 s.

57. Identifié avec *Hūša*, au pied du Carmel ; à deux distances de sabbat de Shefarᶜcm selon *BAbodaZ* 8b.

58. « R. Tarfon et les Anciens », רבן של ישראל. etc., *YYoma* 1: 1 p. 38d, *YYebamot* 4 : 12 p. 6b, cf. Gedalyah ALON, *Jews, Judaism and the Classical World* : 231 s.

59. Comme le propose G. ALON, *The Jews...*, II : 465, qui discute d'autres hypothèses.

de premier plan, et il y a quelques raisons de l'identifier avec le Tryphon du *Dialogue* de Justin, qui déclare avoir fui la guerre[60].

Cette assemblée d'Usha sans patriarche invita les anciens de Galilée à se joindre pour étudier (*Cant. Rabba* 2 : 16, sur *Cant* 2, 5) ; ils vinrent de l'est en parcourant de 10 à 40 milles, ce qui correspond à une région allant de Séphoris à la rive orientale du lac. Une autre version situe l'événement dans la « vigne de Yabné » (*BBerakhot* 63b-64a), mais le contexte suppose que Yehuda est en réalité chez lui, à Usha, et il est présenté comme le « chef des intervenants », ou « le premier à parler ». Il est donc bien l'héritier de Tarfon, avec une dignité comparable. Le transfert du nom de Yabné symbolise un déplacement du centre de l'autorité, voire d'institutions associées. Une sorte d'intérim subsiste donc après la guerre, mais il s'agit peut-être d'un contre-pouvoir. De fait, une tradition relate les migrations du « sanhédrin », disons de l'académie patriarcale, depuis la ruine de Jérusalem : Yabné, Usha, Shefarᶜam, Beth-Sheᶜarim, Séphoris, Tibériade (*Gen Rabba* 97 sur *Gen* 49, 13 : 1220). Une version plus longue de cette liste figure en *BRoshH* 31a-b : on y trouve en plus deux étapes dans Jérusalem et un doublet « Yabné, Usha, Yabné, Usha ». Cette répétition n'est pas une simple dittographie accidentelle, car l'ensemble de la liste forme dix étapes, et le contexte raisonne sur ce nombre. Il ne s'agit pas non plus d'un aller-retour réel de l'institution centrale, qui aurait alors connu deux migrations en Galilée, l'une avant et l'autre après la guerre, comme l'ont cru plusieurs[61]. Il faut plutôt y voir la trace d'une hésitation durable sur le centre de l'autorité morale, ce qui n'exclut d'ailleurs nullement qu'il y ait eu une école à Usha, bien au contraire, puisque Yehuda b. Ilaï lui-même y a étudié chez son père (*BMenaḥot* 18a), donc dans cette école, et que selon *BBabaB* 28b figure parmi ceux qui l'ont visitée Ishmaël b. Élisha, mort avant la guerre et chef réputé d'une école exégétique héritière de Hillel et opposée à celle d'Aqiba.

Plusieurs indices de nature différente suggèrent une telle hésitation entre Galilée et Judée : 1. la longue vacance indiquée du patriarcat en Judée, et l'autorité « intérimaire » de Tarfon et Yehuda b. Ilaï, avec

---

60. Cf. SCHÜRER-VERMES II : 378.

61. Depuis Heinrich H. GRAETZ, *Geschichte*, IV : 131, suivi par Wilhelm BACHER, *Die Agada der Tannaiten*, Straßburg, 1903² : 233 s.

attaches galiléennes ; 2. l'absence d'unanimité à propos de Bar
Kokhba : la tradition le présente comme renégat (cf. *YTaanit* 4 : 7 p.
68d), ce qui indique un conflit très profond, au point qu'il est remarquable que l'autorité d'Aqiba en soit ressortie intacte ; 3. un passage
célèbre de la *Haggada* de Pâque raconte que cinq maîtres, dont Aqiba
et Tarfon, passèrent une nuit pascale cachés à Bené-Beraq, sans famille
ni disciples, à discuter de la « libération d'Égypte » ; la scène, qui a un
net relent politique, est à situer avant Hadrien, et deux absences sont
remarquables : celle d'Ishmaël, qui était défavorable au martyre (*Sifra
aḥaré mot* 13 : 14), et celle du patriarche Gamaliel II. Ce pourrait être
fortuit, mais il est rapporté pour ce dernier une version *adverse* d'un
épisode comparable (*TPasḥa* 10 : 12) : le patriarche Gamaliel passa
avec les anciens toute une nuit pascale à Lod à étudier la *halakha* de
Pâque, donc les préceptes strictement liés à la célébration de la fête ;
dans le contexte de ce récit, cette étude est une obligation exclusive[62].
Les hésitations entrevues recouvrent donc des oppositions : Yoḥanan
contre Gamaliel, c'est-à-dire deux formes différentes de soumission à
Rome ; puis Gamaliel contre Aqiba, divergeant sur la révolte contre
Rome. Observons qu'il n'est pas *a priori* surprenant que des conflits plus
ou moins larvés éclatent en cas de crise : zélotes et pharisiens peuvent
s'opposer violemment, mais ils sont cependant très proches dans leurs
conceptions fondamentales et leurs coutumes, comme le notait déjà
Josèphe (*AJ* 18 : 23). On voit en effet d'un côté, de Judas le Galiléen à
Bar Kokhba, que les zélotes sont des nationalistes intransigeants ; de
l'autre, les pharisiens proprement dits ont des tendances doctrinales
diverses, mais ils sont apolitiques, au sens où ils ne recherchent pas
l'indépendance à tout prix ; c'est d'ailleurs une des raisons majeures de
l'intérêt que Josèphe devenu romain leur porte. C'est ainsi en particulier qu'après la révolte sous Trajan la maison de Gamaliel est excusée
de continuer à enseigner le grec *parce qu'elle était proche du pouvoir ro-*

---

62. On peut certes concevoir qu'étudier la *halakha* et discuter de la sortie d'Égypte, même
au sens de problèmes politiques immédiats (*agada*), soient deux activités complémentaires
privées, associant rite et signification ; ainsi jugent des commentateurs ultérieurs, cf. Saul
LIEBERMAN, *Tosefta ki-fshuṭah* 4 : 655 s., et Daniel GOLDSCHMIDT, *The Passover Haggadah. Its
Sources and History*, Jerusalem, 1977³ : 70 s. Cependant, la séparation des participants en deux
groupes indique plutôt une controverse, voire un conflit ; de plus, selon une opinion attribuée à Gamaliel, le Messie ne surgirait que d'une ruine complète (*BSanhedrin* 97b), ce qui ne
peut concorder avec l'activisme de Bar Kokhba et d'Aqiba.

main (*TSoṭa* 15 : 8-9) ; or, c'est justement le moment de la montée en puissance du parti de Bar Kokhba.

Un autre épisode d'Usha va permettre de préciser les enjeux. Selon le récit donné en *BHorayot* 13b-14a, Siméon b. Gamaliel était patriarche, Natân président de l'académie (ou du tribunal) et Méïr maître (ou expert). Il y eut un jour un conflit de préséance, et ces deux derniers, se jugeant humiliés par le patriarche, voulurent le ridiculiser le lendemain en projetant de dévoiler en public son ignorance de tout un traité de la tradition orale, de manière qu'il soit écarté et qu'eux-mêmes soient promus respectivement patriarche et président de la cour. Le complot fut déjoué, et ils furent expulsés. Se tenant à la porte, ils communiquaient avec la salle par billets. Et l'on s'étonnait : « Nous sommes à l'intérieur, et la Torah est à l'extérieur ». Le conflit finit par s'apaiser, mais les choses durent être difficiles, car on signale, parmi une liste importante de « décrets d'Usha », l'interdiction d'excommunier un ancien (*YMoedQ* 3 : 1 p. 81d)[63].

Sous l'habillage pittoresque du récit, qui met en relief des traits de caractère, on voit un événement majeur. En effet, Siméon est un intrus dans l'académie : il ignore la Torah et il y a déjà un président. Le conflit montre qu'il cherche à reprendre en main l'institution, en renforçant sa position. D'autres passages montrent qu'il cite très souvent d'autres sages[64], et ne rend que des décisions conformes aux débats de sa cour[65]. On en a déduit qu'il avait une humilité inhabituelle, ce que dit d'ailleurs son fils Yehuda le Prince (*BBabaM* 84b). Cependant, il faut observer qu'il cite toujours des contemporains, et jamais ses maîtres ou des anciens, alors qu'il souligne avec respect l'importance de l'école qu'animait son père, le patriarche Gamaliel II (*BSoṭa* 49b). Enfin, comparé avec Siméon b. Yoḥaï, autre disciple majeur d'Aqiba, il est « comme un renard face à un lion », ce qui est un signe d'igno-rance (cf. *MAbot* 4 : 15 et *YShabbat* 10 : 7 p. 12c). Plus précisément, les faiblesses de Siméon b. Gamaliel concernent la *tradition orale* : le

---

63. *YBikkurim* 3 : 3, p. 65c, donne un récit différent, mais qui montre aussi une résistance à l'installation de Siméon b. Gamaliel.

64. *MBerakhot* 6 : 9, *MBabaM* 8 : 8 ; le témoignage de la *Tosefta* est significatif par sa fréquence : *TBerakhot* 5 : 2, *TMaaserSh* 3 : 18, *TSukka* 2 : 2, *TYebamot* 10 : 16, *TKetubbot* 6 : 10, *TKelim-BQ* 4 : 2, 5 : 4.

65. *YBabaB* 10 : 2, p. 17d.

complot indiqué visait à montrer son ignorance du traité *Uqṣin*, qui porte sur la pureté des parties immangeables des aliments, sujet subtil sans fondement scripturaire et apparemment inconnu aussi de l'école de son père.

Cela n'implique évidemment pas que son ignorance ait été générale, comme le montrent d'autres faits : selon *MShabbat* 1 : 3, on ne doit pas lire à la lumière d'une lampe (à huile) le sabbat, pour ne pas être tenté de l'incliner pour réimbiber d'huile la mèche et activer la flamme ; pourtant, selon *TShabbat* 1 : 12, Siméon b. Gamaliel le permettait aux enfants (de son école), pour préparer les lectures bibliques, et apparemment il tenait cet usage de l'école de son père (cf. *BShabbat* 13a) ; les justifications postérieures de cette coutume discordante, voulant prouver qu'elle est rationnelle[66], rendent incompréhensible qu'elle ait disparu ensuite. Là encore, il s'agit du primat de l'écrit. De même, il déclare à propos d'une controverse sur l'usage d'azymes samaritains que « pour tout précepte *(miṣwa)* que les samaritains observent, ils sont plus minutieux qu'Israël » (*TPesaḥim* 1 : 15) ; en clair, il apprécie leur exactitude *biblique*. Dans un autre contexte (*TTerumot* 4 : 12), il dit que les samaritains sont « comme Israël », alors que Juda le Prince dira plus tard qu'ils sont « comme les païens ». Le changement d'opinion à l'égard des samaritains n'est peut-être pas étranger à la crise de l'accession au pouvoir de Septime Sévère, mais il ne saurait cacher une différence de critère : pour l'un, Israël est défini par l'observance biblique, pour l'autre, par la seule tradition orale. Ces menues indications montrent que Gamaliel et ses descendants, venus de Jérusalem, ont une tendance plus biblique que les milieux strictement galiléens, d'où quelques problèmes. Ces observations éclairent aussi au passage un paradoxe de Josèphe : il se dit pharisien, mais lorsqu'il paraphrase la Bible, dans les *Antiquités*, il dit très nettement en prologue qu'elle est la seule source de sagesse et de droit, ce qui est une opinion plutôt sadducéenne ; puis, lorsqu'il présente les lois en détail, il donne de nombreuses interprétations pratiques, parfois éloignées du sens littéral, qu'on retrouve dans les sources rabbiniques. Autrement dit, il a bien, quant à l'Écriture, une manière judéenne et non galiléenne d'être fidèle à la tradition orale. La tendance judéenne, ou plus exactement

---

66. Cf. S. Lieberman, *Tosefta ki-fshuṭah* 3 : 10.

jérusalémite, provient incontestablement du judaïsme galiléen (babylonien), et non l'inverse, mais avec quelques transformations, résultant peut-être de la confrontation avec d'autres tendances. Quant au terme de « pharisien », qui signifie « séparé », il est une appellation issue de milieux adverses (cf. *MYadaïm* 4 : 6 s.), donc à Jérusalem plutôt qu'en Galilée ; on conviendra donc, pour la clarté, de le réserver au parti identifié à Jérusalem, c'est-à-dire finalement de s'en tenir pratiquement aux définitions du jérusalémite Josèphe.

Les autres protagonistes de la scène d'Usha viennent d'horizons différents : Méïr passe pour avoir été le disciple le plus fidèle d'Aqiba (*BSanhedrin* 86a), le premier des cinq « maîtres du sud » (*BYebamot* 62b) ; il est donc significatif qu'il soit dans l'assemblée l'autorité scolaire de référence. Natân, le président de la cour, était le fils de l'exilarque de Babylonie, ce qui est remarquable. Il avait étudié avant la guerre chez Tarfon et Ishmaël b. Élisha (*TZebaḥim* 10 : 13), et par la suite il s'opposa à ce que le calendrier soit fixé par les autorités d'exil, comme l'aurait voulu Ḥanania, qui se méfiait de la compromission du patriarcat à l'égard des Romains (*YNedarim* 6 : 8 p. 39b). Par la suite, Siméon b. Gamaliel, mieux établi, lutta encore contre l'exilarque pour le maintien de ce privilège en Terre d'Israël (*BBerakhot* 63a). Dans des circonstances différentes, Gamaliel II avait autrefois exigé aussi que le patriarche ait l'autorité finale en la matière, même si d'autres étaient plus savants pour juger de la nouvelle lune (*MRoshH* 2 : 7 s.)[67]. Pour des raisons évidentes, la fixation du calendrier mensuel ou l'introduction d'un mois intercalaire ont toujours été un problème délicat : plus anciennement, au temps où les signaux mensuels étaient émis de Jérusalem, on rapporte un conflit de compétence entre les prêtres et les pharisiens (*MRoshH* 1 : 7).

L'assemblée d'Usha représente donc un nœud (ou plusieurs), au sortir de la sombre période d'Hadrien, avec une certaine compétition pour le pouvoir : les héritiers d'Aqiba, auxquels les sources disponibles (*Mishna...*) sont favorables, font d'abord une jonction avec les Galiléens, puis avec une branche d'un patriarcat babylonien, l'intégration du patriarcat traditionnel de Yabné étant le plus difficile.

---

67. Selon une *baraïta* (*BRoshH* 22a), il avait été discrédité pour une affaire semblable de témoignage de nouvelle lune.

Ce dernier était en suspens depuis plusieurs dizaines d'années. L'on rapporte que Siméon b. Gamaliel[68] avait dû se cacher longtemps, car les Romains le recherchaient ; il dit lui-même (*BSoṭa* 49b) que des mille garçons qui étudiaient dans la maison de son père[69] il ne reste plus que lui-même et un cousin en fuite ; cependant, comme on l'a entrevu, ce n'est pas la seule cause de la « vacance », car son père Gamaliel II avait eu auparavant des difficultés à Yabné.

À travers des conflits de personnes, on voit des oppositions sur plusieurs plans ; l'aspect politique est certainement le plus visible, mais pas nécessairement le plus important. La question du primat de la tradition orale joue aussi un rôle : 1. on a vu le patriarche en difficulté sur ce point ; 2. une des spécialités d'Aqiba avait été de montrer, grâce à des règles herméneutiques très fines, l'unité de l'écrit et de l'oral, en dépit de divergences apparentes ; il voulut même parfois réformer certains usages non bibliques en vigueur, comme par exemple l'attribution directe de la dîme aux prêtres (*BYebamot* 86b, *baraïta* ; cf. *Deut* 26, 13) ; 3. Josèphe disait déjà que pharisiens et Galiléens (le quatrième parti) avaient les mêmes conceptions, en particulier relativement au primat des traditions ancestrales ; il faut noter que si Aqiba et ses disciples doivent encore être dits pharisiens, ce n'est plus tout à fait au sens de Josèphe. La jonction des disciples d'Aqiba rescapés de la guerre et des anciens de Galilée s'est cependant faite sans heurt, ce qui suppose une parenté réelle : même si Bar Kokhba est un héritier lointain de Judas le Galiléen, il a été désavoué par les rescapés et par hypothèse non suivi par les Galiléens restés en Galilée. Ces derniers n'étaient d'ailleurs pas ignares, loin de là : l'école d'Usha existait au temps de Yabné ; on rapporte aussi, par exemple, que Yosé ha-Gelili, un des grands de sa génération, né et formé en Galilée, réussit l'exploit de tenir en échec par sa dialectique Aqiba et Tarfon, lorsqu'il arriva pour étudier à Yabné vers 120 (*BZebaḥim* 57a) ; détail intéressant, il était très proche d'Aqiba, mais n'admettait pas ses arguties scripturaires, ce en quoi il se montrait fidèle à ses origines.

---

68. *BTaanit* 29a, qui porte « Gamaliel », donc son père, mais le contexte nécessite de corriger, cf. la discussion de G. ALON, *The Jews...*, II : 667.

69. « ...Il y avait 1 000 enfants, 500 étudiaient la Torah, 500 étudiaient la sagesse grecque » ; il faut sans doute corriger d'après le contexte et les parallèles, et comprendre qu'ils étudiaient la langue et la littérature grecques, cf. S. LIEBERMAN, *Hellenism...* : 102, n. 18.

Galilée rurale et Babylonie

Il faut tout de même convenir que les indices directs d'une permanence de la Galilée juive d'une guerre à l'autre sont finalement assez minces ; tout au plus permettent-ils d'établir une certaine continuité, autour de Tibériade, avec les milieux de résistants juifs que Josèphe a combattus lors de la révolte de 66. Les attaches galiléennes de Yabné, surtout au début, fournissent un complément bienvenu, de même que les circonstances entourant l'établissement de l'académie d'Usha. D'autres textes plus juridiques permettent de préciser un peu plus, à travers la géographie et la question des préceptes liés à la terre (prémices, dîmes, année sabbatique, etc.).

Le document le plus important est l'inscription sur mosaïque découverte en 1974 dans une synagogue proche de Reḥob, dans la vallée du Jourdain, quelque 10 km au sud de Beth-Shân. Datée du VIᵉ ou VIIᵉ s., elle comporte 29 lignes de texte. Elle est formée de quelques passages non attestés ailleurs et de larges extraits du *Talmud* (*YDemaï* 2 : 1, p. 22c) ; celui-ci n'est antérieur que de deux siècles, et l'inscription en est de très loin le témoin le plus ancien et le plus sûr[70]. Selon ces textes, la Galilée juive est entourée de zones (autour de Césarée maritime, Sébaste, Beth-Shân, Hippos, Nawa, Panéas et Tyr) qui ne sont pas strictement juives, du point de vue des préceptes liés à la terre. Mais tous les cas ne sont pas semblables : les zones de Césarée et Beth-Shân avaient été dispensées des préceptes liés à la terre par Yehuda le Patriarche (*YDemaï ibid.*), donc vers 200, puis quelques obligations revinrent par la suite ; la mention de Sébaste, donc d'un territoire samaritain, est propre à l'inscription. Les quatre autres zones mentionnées sont au contraire extérieures à la Galilée proprement dite et même à la Palestine, mais la présence de Juifs y fit réintroduire quelques préceptes, c'est-à-dire les fit considérer comme appartenant à la Terre d'Israël, au moins sous certains rapports. Cette dernière appellation a donc une certaine élasticité.

Il est cependant défini un cadre général, sous forme d'un « domaine de ceux qui sont montés de Babylone » (עולי בבל). Cette notion décrit

---

70. Elle est publiée et discutée en détail par Yaaqob SUSSMAN, « A Halakhic Inscription from the Beth-Shean Valley », *Tarbiz* 43, 1973 : 88-158 et ID., « The 'Boundaries of Eretz-Israel' », *Tarbiz* 45, 1976 : 213-257.

un large périmètre, jalonné par Ashqelôn, Akko, Panéas (et/ou קסריון, « petite Césarée »), Réqem de Trachonitide (près de Bostra), Réqem du Torrent (Pétra, avec le *W. Mūsa*). Un tel domaine ne concorde pas avec le territoire des rapatriés d'exil de *Néh* 11, 21-36, qui ne comprend que Juda et Benjamin ; il s'adapte encore moins bien à la Judée de la reconquête maccabéenne, qui est limitée à l'ouest par Emmaüs et au sud par Beth-Çur et l'Idumée (*1 Mac* 4, 1-35). Au contraire, si l'on considère l'action multiforme de Judas Maccabée et de ses compagnons, en marge de la restauration du Temple et de la Judée proprement dite, on voit qu'elle s'étend sur toute la Palestine et de larges secteurs de Transjordanie (*1 Mac* 5 etc.), ce qui convient beaucoup mieux. Cette action est centrée sur la défense des communautés juives diffuses sur le territoire, particulièrement dans les villes hellénistiques (Ptolémaïs-Akko, Scythopolis-Beth-Shân, etc.). Il se confirme donc qu'il s'agit bien dans tout ce domaine, d'après notre texte, de rapatriés de Babylonie, et nullement de réfugiés de Judée. Si en outre on prend la Babylonie pour une métaphore du royaume séleucide puis parthe, on retrouve ce qui a été dit plus haut des circonstances de la charte d'Antiochus III. Il faut considérer ces migrations comme un flux permanent et diffus de colons *civils*, depuis l'époque perse, qui s'installent dans des zones cultivables.

La *baraïta* discutée, qui décrit le « domaine » de ces migrants, ne peut cependant pas être un texte très ancien, car sa terminologie est d'époque romaine. De plus, elle définit ce domaine comme étant la « Terre d'Israël » ; il est comparable au royaume d'Hérode, mais celui-ci n'est certainement pas la référence : d'une part Hérode est honni, et d'autre part il n'y a aucune trace du nom de ce royaume, à savoir la Judée. Le périmètre de référence est en réalité celui de la conquête de Josué[71], c'est-à-dire de « ceux qui sont montés d'Égypte » (עולי מצרים, cf. *MShebiit* 6 : 1). La redéfinition rabbinique des zones où ont cours les préceptes liés à la terre est exprimée non pas en termes de conquête,

---

71. En particulier, il ne comprend qu'une partie de la Haute-Galilée, et se trouve donc notablement plus petit que le territoire esquissé en *Nomb* 34, 7-12 et *Deut* 1, 6-7, qui s'étend jusqu'à l'Euphrate. Comme il dérive du Pentateuque, c'est ce dernier périmètre qui est à proprement parler le domaine de ceux qui sont montés d'Égypte, alors que les conquêtes de Josué constituent pour la tradition rabbinique (*TMaaserSh* 2 : 16 ; *TBabaQ* 8 : 19) le « domaine de la Terre d'Israël selon les Écrits (שבכתובים) ».

comme au temps de Josué, mais d'acquisition : pour les rapatriés de Babylonie, ce sont les terrains achetés qui sont devenus de ce fait « saints » ; c'est donc un processus empirique et lent. On remarque une controverse annexe pour savoir si un terrain ainsi promu par acquisition perd cette qualité en cas de revente à un païen (*TDemaï* 5 : 21). Pour des raisons commerciales évidentes, et aussi du fait de la variété des produits du sol, il faut admettre que le débat n'était pas purement théorique, mais que la solution dépendait du lieu[72], ce qui implique quelques menues différences de tradition, correspondant vraisemblablement à des vagues distinctes de migrants.

Géographiquement, la Galilée rabbinique comprend Galilée supérieure et Galilée inférieure, la frontière passant par Kfar Ḥanania (au nord-ouest de Safed), ainsi que le « cercle de Tibériade » (*MShebiit* 9 : 2). Elle est donc limitée à l'est par le Jourdain, ce qui correspond aussi aux limites bibliques de Nephtali et Issachar. C'est à cause de ce substrat biblique que le territoire à l'est du Jourdain (incluant Panéas, Hippos, Nawa) a un statut légèrement plus douteux, puisque *Nomb* 35, 10 précise : « Quand vous aurez passé le Jourdain... ». Il s'agit cependant là d'effets artificiels, dus à l'essai de mise en correspondance entre la conquête de Josué et l'immigration babylonienne. Si l'on omet ces considérations comme secondaires, la perspective se simplifie. Par rapport à une définition géographique stricte, la Galilée juive est étendue au nord (Panéas) et à l'est (Gaulân), et elle est ainsi semblable à celle de Josèphe (*G* 3 : 35 s.). Pourtant, au sud, elle ne comprend pas le territoire de Sébaste, ce qui tendrait à montrer que la Samarie n'a jamais reçu d'immigrants babyloniens et qu'elle est considérée comme une terre païenne, ce qui est remarquable.

Historiquement, en effet, cela n'est pas vraisemblable, malgré les efforts de Josèphe pour rendre le schisme samaritain le plus ancien possible, car selon *2 Mac* 5, 22 s. les samaritains du Garizim et les Juifs constituent encore une même nation au temps de la crise maccabéenne ; ce fait est confirmé aussi par l'impossibilité de classer nettement les fragments bibliques de cette époque recueillis dans le désert de Judée entre textes juifs et textes samaritains ; en réalité, il n'y a pas lieu de

---

72. Cf. Saul LIEBERMAN, « The Halakhic Inscription from the Beth-Shean Valley », *Tarbiz* 45, 1975 : 54-63.

supposer un divorce définitif avant la politique conquérante et les destructions de Jean Hyrcan (135-104 av. J.-C.). Autrement dit, l'inscription reflète une situation bien postérieure au schisme. Si l'on reprend la perspective du débat évoqué plus haut entre le pharisien Simon b. Gamaliel, qui appréciait l'observance biblique des samaritains, et la tradition proprement galiléenne, qui la tenait pour négligeable, on voit que l'inscription, qui s'intéresse aux rapatriés de Babylonie, est strictement galiléenne.

Ces considérations permettent plusieurs conclusions : 1. puisque les samaritains en sont absents, mais que le texte étudié traite de la Terre d'Israël au sens de la *halakha*, c'est-à-dire des traditions orales stables d'origine babyloniennes, cela indique que le problème plus ancien de la jonction (et de la rupture) entre Juifs et samaritains passait par Jérusalem ; 2. l'importance extrême de la Galilée et du Gaulân, avec quelque 200 localités, montre qu'il s'agit d'un grand nombre de colonies rurales, où de menues différences de coutumes supposent des vagues de migrants variées, correspondant à « ceux qui sont montés de Babylonie » ; 3. les villes importantes d'origine hellénistique (Ptolémaïs, Scythopolis, Hippos, Séphoris, Césarée...) ont conservé des minorités urbaines de Juifs.

La Galilée juive est donc de culture babylonienne. C'est très net à l'époque sassanide, puisque le Talmud local, issu de Tibériade et de Césarée[73], est de même esprit que le Talmud de Babylone, le tout étant profondément différent de toute la littérature juive hellénistique. C'était vrai auparavant, comme le montre le personnage cité de Natân, président babylonien de l'académie d'Usha à l'époque tannaïtique et qui offre un profil analogue à Hillel. Il y eut aux deux premiers siècles des influences réciproques avec la Judée, mais l'ensemble doit être considéré dans un cadre général où primèrent les traditions orales. Le

---

73. Saul LIEBERMAN, *The Talmud of Caesarea. Jerushalmi Tractate Nezikin* (Tarbiz Suppl.), Jerusalem, 1931, a montré qu'une partie du *Yerushalmi* vient d'une école importante de Césarée maritime, à distinguer de Césarée de Philippe. Cette dernière (« Petite Césarée ») est normalement rapprochée de Panéas, puisque *AJ* 18 : 28 invite à les identifier ; mais dans les sources talmudiques, les deux noms coexistent (cf. A. NEUBAUER, *Géographie* : 238), et il y aurait peut-être deux lieux voisins : une école peut se déplacer avec son nom (cf. *supra* la « vigne de Yabné »). Or, des fouilles récentes au village détruit de *Qaṣrin*, sur le Gaulân, ont révélé les restes d'une synagogue et d'une école associée ; le nom de *Qaṣrin* est suggestif : il n'appartient pas à l'arabe local (*Qaṣrēn* pourrait signifier « deux châteaux », mais cela ne correspond à rien au voisinage) ; au contraire, il conviendrait bien à une *Qaisarin* talmudique ; une vallée voisine a d'ailleurs gardé le nom de *Yahudiyeh* (« les Juifs »).

prototype le plus caractéristique en est le Néhémie de la deuxième mission (*Néh* 13) : lui aussi venait « de Babylone », avec des vues très précises sur le sabbat et la séparation d'avec les étrangers, ainsi qu'un acharnement à rebâtir Jérusalem selon ce modèle. Les influences n'excluent d'ailleurs pas les tensions : Yoḥanan b. Zakkaï, comme on l'a exposé plus haut, vécut dans sa jeunesse dix-huit ans non loin de Séphoris, à peu près à l'époque où Hérode Antipas restaura cette dernière et lui accorda l'autonomie (*AJ* 18 : 27) ; il y eut un disciple, Ḥanina b. Dosa, qui y resta, mais on rapporte que pendant tout ce temps il ne fut interrogé que sur deux points très particuliers de *halakha* relatifs au sabbat, et une tradition postérieure affirme qu'il se lamentait du mépris des Galiléens pour la Torah (שנאת התורה, *YShabbat* 16 : 8 p. 15d)[74]. Il est clair que, comme Josèphe, il appréciait peu les zélotes, mais le sens de ce dit est que le mouvement galiléen proprement dit (politique) ne fut qu'un avatar malencontreux, et que la Galilée pouvait faire mieux, particulièrement pour le sabbat.

Quelques remarques, enfin, sur la géographie. Les étapes citées de la migration du sanhédrin en Galilée ont une certaine signification (*BRoshH* 31a-b) : au début, Usha, Shefarᶜam, Beth-Sheᶜarim et Séphoris sont plutôt à l'ouest, non loin de la côte ; ces mouvements correspondent à la période tannaïtique, où il y a des liens avec le monde romain. La dernière étape, Tibériade, point le plus bas du parcours (on cite *Is* 26, 5 et 29, 4), correspond à l'époque talmudique ultérieure, après le patriarche Judas ; cette ville est plus centrale pour la région autour du lac, comprenant le Gaulân, la Haute-Galilée et la partie orientale de la plaine d'Esdrelon. C'est dans cette région que l'on a trouvé de nombreux restes de synagogues. La région correspond aussi à la zone, à l'est et au nord de Séphoris, d'où sont venus les anciens de Galilée à l'invitation de Yehuda b. Ilaï. Elle correspond encore aux milieux révoltés auxquels eut affaire Josèphe, ainsi qu'aux opérations d'Hérode contre les « brigands ». C'est donc bien ce qu'on pourrait appeler la Galilée juive profonde, d'influence babylonienne. Son axe principal de communication est à chercher non pas vers Ptolémaïs ou la

---

74. Sur les difficultés de ce passage, cf. Jacob NEUSNER, *A Life of Yohanan ben Zakkai, Ca. 1-80 C. E.* (Studia Post-Biblica, 6), Leiden, 1970[2] : 47-53.

Phénicie, mais en direction de Damas (et du Croissant fertile), ce qui convient bien au relief.

Quant à Tibériade, elle eut une histoire étrange : malgré la reconstruction et l'embellissement de Séphoris, l'ancienne capitale, Hérode Antipas fonda Tibériade vers 17-20[75] sur un cimetière, en contradiction avec la loi juive, et apparemment y installa avec avantages fiscaux des populations mêlées, comprenant des Juifs liés par l'obligation de ne pas émigrer, puis il en fit sa capitale (*AJ* 18 : 37). Plus tard pourtant, la tradition rabbinique y signale une synagogue, et relate des visites de Gamaliel II. On pourrait penser que Josèphe est tendancieux, puisqu'il n'a pas signalé ces tombeaux en *G* 2 : 168, et que dans les *Antiquités* et la *Vie* il cherche à discréditer les rebelles de Galilée comme mauvais Juifs. Tout n'est cependant pas complètement inventé par Josèphe, car on apprend que vers le milieu du IIᵉ s. Simon b. Yoḥaï, qui avait été séduit par les eaux thermales de Ḥama voisine, procéda à la purification des lieux, non sans rencontrer des oppositions. Le récit (*YShebiit* 9 : 1, p. 38d) montre cependant qu'il ne s'agit pas de la purification d'un cimetière, mais du repérage d'anciennes sépultures dispersées. Josèphe a donc grossi une information : il y avait donc bien au moment de la fondation de Tibériade non pas le cimetière d'une grosse agglomération, mais des tombes (peut-être vénérées), et l'on pouvait toujours soupçonner quelqu'un de s'être installé dessus. Un siècle plus tard, la renaissance du soupçon et son traitement par Simon b. Yoḥaï supposent une poussée d'urbanisation sur de nouveaux terrains. Par ailleurs, certains passages (*YMegila* 1 : 1 p. 70a) gardent à Tibériade le nom biblique de Raqat (*Jos* 19, 35, entre Ḥamat et Kinnérèt). En dehors des sources chaudes, le lieu avait un fort pouvoir d'attraction ; on peut donc se demander si Antipas n'a pas fait en créant Tibériade un acte de politique locale, en s'installant dans un lieu symbolique pour les Galiléens, les tombes étant peut-être celles de héros.

---

75. D'après des monnaies du temps de Trajan, alors que *AJ* 18 : 26-28 n'en parle qu'après l'arrivée de Pilate en 26.

La Galilée de Jésus

Avant comme après Hérode, le judaïsme de Galilée, fait de nombreuses immigrations babyloniennes, était vivant et varié, avec de
fortes implantations rurales. Le mouvement proprement « galiléen »,
au sens strict de zélote, n'en représente sans doute qu'une partie limitée,
mais significative : il est la trace certaine, entretenu par le flux permanent des pèlerinages, d'un élan politique lié à un rêve persistant relatif à
Jérusalem et au Temple, qui s'oppose aux autorités locales de Judée.
C'est ce qu'on pourrait appeler la postérité de Zorobabel. Il est remarquable que 2 Mac, qui procède de cet esprit, campe un Temple
chargé de symboles, où la présence de Dieu est très active, mais se dés-
intéresse profondément du personnel en place, après la disparition
d'Onias, le meilleur des grands-prêtres[76]. Au temps d'Hérode, qui fit
beaucoup d'efforts pour s'acquérir une légitimité juive, il y eut
l'entreprise exceptionnelle de Bathyra, ainsi que la crise d'où émergea
Hillel.

Tout cela forme après Hérode, au moment de la vie de Jésus, un
milieu galiléen rural et fort diversifié[77], de part et d'autre du lac, ce
qui fournit un cadre à de nombreux détails des évangiles.
Réciproquement, ceux-ci peuvent contribuer à éclairer certains points
décisifs de l'histoire pharisienne en marge de la Judée, puisque les débuts du christianisme et la tradition rabbinique se fondent sur le même
terroir. On se bornera ici a proposer une liste sommaire de traits caractéristiques :

1. Schématiquement, on a donc caractérisé une opposition entre des
milieux zélotes à l'ouest du lac de Tibériade et d'autres plus soumis à
l'est. Ce lac joue un rôle important dans les pérégrinations de Jésus
(Capharnaüm est « sa ville »), non seulement comme élément géographique, mais aussi par des effets symboliques liés à l'eau et à la pêche.
En outre, le thème de la traversée du lac, les nombreuses allusions à

---

76. Cf. Robert DORAN, *Temple Propaganda ; The Purpose and Character of 2 Maccabees*,
1981 : 84, qui remarque que le plaidoyer pour le Temple a quelque chose de tragique, car ses
moyens de fonctionner pratiquement font défaut ; il devient une sorte de totem.

77. Cf. Simon APPLEBAUM, « Judea as a Roman Province. The Countryside as a Political and
Economic Factor », *ANRW* II.8, 1977 : 355-396.

« l'autre rive » prennent un relief nouveau (cf. *Jn* 6, 1 etc.) ; la malédiction symétrique de Bethsaïde et Chorazein (*Mt* 11, 21 p.) concerne les deux rives ; la première multiplication des pains a lieu sur la rive est (*Mt* 14, 13-34 p.), la seconde sur la rive ouest (*Mt* 15, 32-39 p.).

2. Le milieu est rural et religieusement très motivé, non sans tendances diverses en débat ou en conflit. L'ultime question des apôtres à Jésus est (*Ac* 1, 6) : « Est-ce maintenant que tu vas restaurer la royauté en *Israël*? » La scène est située à Jérusalem, et cette terminologie, semblable à celle des sources rabbiniques citées[78], ignore entièrement la Judée et les successeurs d'Hérode. Il y a la trace d'un rêve d'indépendance de type zélote, qu'on retrouve dans la deuxième tentation (*Matth* 4 : 8 s.), ou dans le choix de Barabbas ; Jésus y a résisté, mais cela suffit pour expliquer que, bien que circulant et recrutant en Galilée, il soit resté à l'écart de Séphoris ou de Tibériade, où régnaient les pouvoirs romain et hérodien.

3. Le groupe qui suit Jésus est cependant divers : il comporte Matthieu le percepteur, Simon le zélote, personnages *a priori* opposés (et correspondant aux deux rives), ainsi que Jeanne, la femme de l'intendant d'Hérode Antipas, ce qui représente un troisième pôle adverse, lié aux milieux dirigeants. Des disciples de Jean-Baptiste l'ont quitté pour Jésus. À Jérusalem, Jésus dispose pour la dernière Cène d'une salle dans une hôtellerie dont les disciples ignorent tout, car ils ne sont là qu'à l'occasion d'un pèlerinage : il a donc d'autres relations. Il a des partisans pharisiens qui l'avertissent du danger d'Hérode, mais il oppose aux pharisiens le primat de l'Écriture sur la tradition orale ; les scribes, qu'ils suivent ou rejettent Jésus, sont les tenants de l'Écriture, opposés aux pharisiens. Toutes ces tendances forment une sorte de spectre du judaïsme de Galilée, où l'on ne trouve guère de sadducéens ni de prêtres. Il faut ajouter à la liste les samaritains, qui suivent l'écrit et attendent un nouveau Moïse, et qui émettent une des reconnaissances les plus solennelles de Jésus. Les baptistes constituent probablement un mouvement diffus, qu'il est difficile de ne pas rapprocher des esséniens et de Bannous, le maître de Josèphe ; Jean-

---

78. Mais sur les monnaies proprement zélotes de la guerre de 66-70, on trouve חרות ציון, et aussi לגאלת ציון. cf. Yigael YADIN, « The Excavations of Masada - 1963-64 ; Preliminary Report », *IEJ* 15, 1965 : 1-120.

Baptiste paraît venir de Samarie[79], mais les récits lui donnent des attaches avec la Galilée comme avec la Judée[80], et cette incertitude doit être rapprochée des migrations vers Bathyra de Juifs pieux persécutés en Judée.

4. On trouve de curieuses incohérences de calendrier : selon les synoptiques, le dernier repas de Jésus correspondait à une Pâque le jeudi soir, alors que selon *Jn* 19, 31 la Pâque était célébrée cette année-là le vendredi soir (sabbat) ; plus tard, certains chrétiens célébrèrent Pâques le 14 Nisân, alors que d'autres mirent la fête le dimanche suivant, c'est-à-dire le jour des prémices au « lendemain du sabbat ». Dans une scène rurale d'épis arrachés en Galilée (*Lc* 6, 1)[81], on rencontre une allusion au calendrier des *Jubilés*. Ces diversités supposent un groupe initial peu homogène, et le conflit de calendriers rappelle un aspect de la question posée à Hillel.

5. Jésus tient absolument à aller à Jérusalem, pour affronter les pouvoirs à cause du Temple, malgré l'avis des disciples (cf. *Mt* 16, 22 p., mais selon *Jn* 7, 8 s. il hésite), et l'on voit que certains d'entre eux n'ont même jamais fait le pèlerinage. Il y a certains parallélismes de trajectoires, peut-être avec la venue et la fondation de Yoḥanan b. Zakkaï, et en tout cas avec le mouvement de Judas le Galiléen, qui a été conçu en Galilée et qui cherche et parvient à éclore en Judée : *Lc* 3, 1 s. raconte que Jésus, conçu en Galilée, vint éclore en Judée… En matière de terminologie, le Nouveau Testament est approximatif ; compte tenu de ses liens avec Jérusalem et de son emploi de l'argument scripturaire, Jésus se rattache aux pharisiens (type Gamaliel) plus qu'aux Galiléens stricts (type Yoḥanan b. Zakkaï). D'autre part, la confrontation de Jésus avec les autorités civiles et sacerdotales, suivie d'une discontinuité et d'une succession difficile, rappelle le problème

79. Cf. M.-Émile BOISMARD, « Aenon près de Salem (Jean III, 23) », *RB* 80, 1973 : 218-229., à compléter par Jerome MURPHY-O'CONNOR, « John the Baptist and Jesus : History and Hypotheses », *NTS* 36, 1990 : 359-374, qui renforce encore les attaches samaritaines de Jean.

80. On peut montrer que Josèphe ne connaît Jean-Baptiste qu'à travers les chrétiens de Rome, et donc que son témoignage apporte peu, cf. É. NODET, « Jésus… » (cité n. 17) : 517 s.

81. Selon une variante « occidentale ». Jean-Paul AUDET, « Jésus et le "calendrier sacerdotal ancien" ; autour d'une variante de *Luc* 6, 1 », *Sciences Ecclésiastiques* 10, 1958 : 361-383, explique bien le sens de la variante, mais il y voit seulement une glose ancienne, sous-estimant ainsi le caractère primitif du texte dit occidental, cf. Marie-Émile BOISMARD & Arnaud LAMOUILLE, *Le Texte occidental des Actes, reconstruction et réhabilitation* (Études et Recherches sur les Civilisations, Synthèse 17), Paris, 1984.

proprement pharisien des confrontations et discontinuités analogues à Jérusalem, sous Alexandre Jannée et Hérode, et peut-être déjà au moment de la crise maccabéenne. Cependant, Jésus revenant de Judée renvoie dos à dos, devant la Samaritaine, les temples de Jérusalem et du Garizim (*Jn* 4, 1 s.) ; il annonce que le salut vient des Juifs, et poursuit vers la Galilée : l'horizon est à nouveau le judaïsme de Galilée, mais avec élargissements.

6. Si Jésus n'est ni le premier ni le dernier réformateur pharisien qui a eu des démêlés avec les autorités de Jérusalem, son profil se rattache aussi à deux types religieux connus, et parfois opposés : le maître dont la parole compte (« *rabbi* »), distinct du scribe, et le *ḥassid*, c'est-à-dire le spirituel, aux comportements souvent paradoxaux, volontiers à l'écart des cercles savants, et bien attesté en Galilée[82].

7. L'extrême importance des pèlerinages, à l'occasion desquels se produisent des heurts, est soulignée surtout dans *Luc*. Un cas remarquable est la rencontre de docteurs à Jérusalem par Jésus, et leur approbation ; Josèphe raconte pour lui-même une scène analogue (*Vie* § 9), avec le même effet de caution indispensable. C'est encore au Temple, et de manière significative au portique de Salomon et lors de la Dédicace, que Jésus prend position, non sans polémique, sur le vrai pasteur (*Jn* 10, 22 s.), en marge des pouvoirs sacerdotaux et civils. Il y a donc un débat sur la vérité du Messie, du Temple, et plus généralement de Jérusalem ; ce débat n'est certainement pas étranger au statut de l'Écriture.

8. Il est rapporté de nombreuses polémiques entre Jésus et des Juifs sur le sabbat, la pureté, l'autorité de la tradition orale, etc. Pourtant, au moment du procès, il n'est jamais question de reprocher à Jésus un quelconque défaut d'observance[83] ; l'unique chef d'inculpation qui puisse constituer un enjeu réel concerne le Temple, donc aussi les pèlerins. Ce fait est significatif : comme bien d'autres depuis longtemps, Jésus et ses compagnons ont une vue sur le Temple et ce qu'il devrait être, et ces visées, dans la mesure où elles mobilisent du monde, sont perçues comme menaçantes par les autorités en place, qu'il s'agisse du

---

82. Cf. Shmuel SAFRAI, « The Pious *(Hasidim)* and the Men of Deeds », *Zion* 50, 1985 : 134-137 et l'étude de D. ROKEAH, ci-après : 157s.
83. Cf. David FLUSSER, *Jésus*, Paris, Seuil, 1970 : 49-68.

grand-prêtre ou du gouverneur romain ; le fait qu'on ait pu comparer Jésus à Judas le Galiléen ou à Theudas (*Actes* 5 : 35 s.) montre bien où est le problème. Cependant, il ne s'agit pas seulement des mouvements de zélotes galiléens, somme toute limités, mais plus généralement d'une revendication pharisienne sur le Temple, diffuse aussi dans de larges secteurs de la Diaspora. Il est opportun de rappeler que *2 Mac*, livre grec dont l'unique héros est Judas Maccabée, fidèle observant de la tradition orale (sabbat, pureté alimentaire, etc.), campe une forte silhouette du Temple, après l'échec du meilleur des grands-prêtres ; le fameux coup de main du 25 Kislev 164 n'est au mieux qu'un pèlerinage exceptionnel et en tous cas très momentané, sans conséquences immédiates (peut-être déclenché à la nouvelle de la mort d'Antiochus IV), alors que tout le personnel en place à Jérusalem est entièrement estompé ; ce rejet du pouvoir sacerdotal porte évidemment bien au-delà de la dynastie asmonéenne.

9. Les récits du dernier repas de Jésus montrent une fusion des références à la Pâque (azymes, agneau, eau de purification) et des références au sabbat (bénédiction du pain et du vin). Le symbolisme des deux célébrations n'est pas le même : la Pâque commémore la libération (particulière), alors que le sabbat renvoie à la Création (universelle). La combinaison des deux motifs, aboutissant à l'idée de nouvelle création, est un thème commun du Nouveau Testament. Mais, déjà, la question posée à Hillel consistait, entre autres choses, à demander quel est le plus important de ces deux symboles.

Il convient d'observer en finale que les sources étudiées mettent surtout en relief des facteurs symboliques et religieux. Les circonstances économico-sociales, famines ou oppressions politiques, ont évidemment joué aussi un rôle, mais il est remarquable que les études sur la Galilée de cette époque qui sont centrées sur les déterminismes matérialistes n'aboutissent à aucune synthèse cohérente intégrant les spécificités de la culture locale, même si elles mobilisent les notions de

« peuple du pays » *('am haareṣ)* ou de « pauvres » *('anawim)*[84] ; elles se trouvent souvent acculées à faire de Jésus historique un être un peu irréel, sans attaches traditionnelles profondes[85].

École biblique et archéologique française de Jérusalem

84. La notion de messianisme est à manipuler avec précaution, car il n'y avait pas au temps de Jésus une doctrine claire sur « l'Oint », comme le rappelle Richard A. HORSLEY, « Popular Messianic Movements around the Time of Jesus », *CBQ* 46, 1984 : 471-495.

85. Seán FREYNE, *Galilee, Jesus and the Gospels. Literary Approaches and Historical Investigations*, Dublin, 1988, qui reprend les discussions de ses prédécesseurs, est caractéristique de cette tendance, qui hérite de la pensée libérale allemande du XIXᵉ s., pour laquelle Jésus a promu une émancipation de la Loi. À titre caricatural, la thèse de Walter GRUNDMANN, *Jesus der Galiläer und das Judentum*, Leipzig, 1940 : 82 s., qui cherche à montrer que Jésus était aryen, procède de la même tendance, qui arrache toujours Jésus à son contexte juif, cf. aussi Walter BAUER, « Jesus der Galiläer », dans : *Festgabe für Adolf Jülicher*, Tübingen, 1927 : 16-34.

FRANÇOIS BLANCHETIÈRE

LA « SECTE DES NAZARÉENS »
OU LES DÉBUTS DU CHRISTIANISME

LES ORIGINES du mouvement chrétien sont enveloppées d'ombre, sinon de légende. Elles nous sont d'autant plus difficiles à connaître que les renseignements nous permettant de les reconstituer sont presque exclusivement chrétiens, contenus dans des documents postérieurs aux événements de quelques décennies ou plus, et de ce fait, marqués par des relectures interprétatives. Ainsi chez Eusèbe de Césarée, le père de l'Histoire ecclésiastique, sinon déjà dans les *Actes des Apôtres*, sous-tendus par une théologie de l'Histoire. L'archéologie récemment mise en œuvre par les franciscains de Terre Sainte, tels Bagatti, Testa *et alii,* et exploitée par Daniélou souvent sans suffisamment de discernement, a soulevé plus de controverses qu'elle n'a fourni de conclusions décisives (Taylor 1993).

Qui plus est, trop souvent l'approche du christianisme primitif n'a pas su éviter l'anachronisme, ce péché capital de l'historien au dire de Lucien Febvre, et l'on ne s'est quasiment préoccupé que de *Dogmengeschichte* et non de comportements, de *doxa* et non de *praxis,* recherchant à tout prix dans les textes les plus anciens le fondement et la justification de développements largement postérieurs. Tout est jugé, *a posteriori,* à partir de l'orthodoxie de la Grande Église qui a toujours été : priorité de la Vérité, comme l'affirme Hégésippe (Eusèbe H.E. 4.22.4). Mais le « judéo-christianisme » — un concept aujourd'hui reçu, mais qu'il faudrait mieux oublier tant il est ambigu, lui que les plus anciens auteurs chrétiens tendent à considérer uniquement comme « une secte hérétique » — donc l'hébréo-christianisme, ne l'oublions pas, est antérieur à tout dans la genèse du mouvement chrétien.

Restent des certitudes incontournables : 1) L'origine juive du mouvement chrétien et son lien imprescriptible au judaïsme palestinien du début de notre ère qui n'a rien d'un monument monolithique et ne correspond nullement à ce que l'on a défini comme un « normative Judaism ». Selon une comparaison lumineuse de Lazare Landau, le rapport du christianisme au judaïsme n'est pas celui du satellite à la fusée qui l'a mis en orbite et qui a perdu toute raison d'être après cette opération, mais celui, vital, de l'arbre à ses racines sans lesquelles il ne peut survivre. 2) Les écrits néo-testamentaires parlent de Jésus de Nazareth et les textes rabbiniques de *Jeshu haNotzri* (Travers-Herford 1903 ; Lauterbach 1951 ; Bammel 1966 ; Legasse 1974) tandis que les documents chrétiens aussi bien que juifs des premiers siècles de notre ère parlent de nazaréens — *nazaraioi, nazarenoi, notzrim*.

Il nous faut donc procéder autrement et, sur la base de toute la documentation disponible, partir du milieu palestinien antérieur ou immédiatement postérieur à la destruction du Temple de Jérusalem en 70 de notre ère, essayer de comprendre le spécifique de ce courant *juif* dont les tenants reçoivent les noms de nazaréens ou de Galiléens, sans chercher à traiter ici du terme de *minim* qui ne leur est pas synonyme.

Indépendamment du travail de A. F. J. Klijn et G.J. Reinink (Klijn 1973) qui nous fournit la plupart des textes de référence, comme il l'affirme avec raison, l'ouvrage de R. A. Pritz, *Nazarene Jewish Christianity, From the End of the New Testament Period Until Its Disappearance in the Fourth Century* (Pritz 1988) constitue la première synthèse sur le mouvement nazaréen. Pour l'essentiel, je partage ses positions. Il a rassemblé les sources et les a étudiées avec soin. Son importante bibliographie en anglais ou en allemand apparaît impressionnante, si le lecteur français regrette de ne pas voir utilisés les travaux de Marcel Simon et ses positions discutées. Pareillement, on doit regretter que la publication de cette thèse n'ait pas donné lieu à une remise à jour de la bibliographie. Plus sérieusement peut-être, en adoptant le double parti de ne pas prendre en considération les textes néo-testamentaires et, dans la documentation patristique ou rabbinique, de ne retenir que les textes où figure le terme nazaréen, R. A. Pritz a cherché à éviter toute reconstruction hasardeuse ainsi qu'il le précise (p. 95), ce qui est louable, mais il s'est privé du même coup de références capitales. Qui plus est, en suivant chronologiquement la succession des hérésiologues anciens, il n'a pu éviter de tomber dans le travers de la *Dogmengeschichte* que je dénonçais à l'instant et il ne conduit pas à clarifier nettement la confusion ancienne qu'il souligne entre nazaréisme et ébionisme afin de dégager les continuités et les ruptures. Il m'apparaît, en résumé, que la problématique de Pritz, parce que trop littéraire et trop chronolinéaire, ne fait pas assez droit à nombre de questions qui se posent et qu'il nous faut maintenant aborder.

La dénomination de nazaréen

Quoiqu'il en soit pour l'instant d'une hypothétique secte juive des *nasaraioi* antérieure à l'apparition du « christianisme » dont Épiphane est seul à nous parler (Pan. 29.6.1.; Pritz 45-47), le terme nazaréen sous sa double orthographe *nazôraios/nazarènos* apparaît à vingt-deux reprises dans le Nouveau Testament.

Absent du corpus paulinien, ce terme revient essentiellement pour préciser le nom de Jésus : • Jésus *o nazôraios* : Act. 2.22 ; 6.14 ; (9.5) ; 22.8 ; 29.6 ; Mc. 2.23 ; 26.71 ; Lc. 18.37 ; Jn. 18.5.7. ; 19.19 • Jésus-Christ *o nazôraios* : Act.3.6 ; 4.10 • Jésus *o apo Nazareth* : Act. 10.3 • Jésus *o nazarènos* : Mc. 1.24 ; 14.67 ; 16.6 ; Lc. 4.34 ; 14.29 ; avec une hésitation de la traduction manuscrite en Mc. 10.47.

Une seule exception, mais d'importance. En effet au cours du procès de Paul à Césarée devant le procurateur Félix, Tertullus, avocat du sanhédrin, présentant ses accusations, s'exclama : « Nous avons découvert que cet homme était une peste, qu'il provoquait des émeutes parmi tous les Juifs du monde et que c'était un des chefs de file de *la secte des nazaréens/tès tôn nazôraiôn aireseôs* » (Act. 24.5). Pour l'instant il nous suffit de souligner que le terme *airesis* doit s'entendre dans le sens où Josèphe parle des quatre « sectes » en évoquant les différents courants constitutifs du judaïsme de son temps, et non dans le sens que lui donnent les hérésiologues chrétiens anciens ou modernes (Simon 1979). Après réfutation d'un certain nombre de griefs qu'il considère sans fon-

dement, la déclaration de Paul apparaît parfaitement éclairante :
« Voici ce que je reconnais : je suis au service du Dieu de nos pères,
selon la voie qu'eux qualifient de secte — *kata tèn odon èn legousin
airesin* » (Act. 25.14 cf. Pan 29.6.2-8).

Il nous faut ensuite attendre Tertullien (Adv. Marc. 4.8) pour lire
que nazaréen a constitué la plus ancienne dénomination des disciples de
Jésus, idée reprise dans les « canons » 10 et 14 d'Hippolyte, par Eusèbe
de Césarée expliquant le nom Nazareth dans son *Onomasticon*, ou
Jérôme (*de situ* 14), mais surtout Épiphane.

« Pareillement, tous les chrétiens furent appelés autrefois nazaréens »
(Pan. 29.1.3. ; 6.2).

« Tout le monde à cette époque (référence à Act. 24.5) appelait de
ce nom les chrétiens, à cause de la ville de Nazareth et parce que, à
cette époque, il n'y avait pas d'autre nom en usage » (Pan.29.6.5).

S'agit-il d'un renseignement connu de notre auteur, un Judéen ne
l'oublions pas, ou d'une de ses déductions à partir des textes néo-
testamentaires, nous ne pouvons le préciser. Toutefois, on peut rappeler
que les sources rabbiniques des premiers siècles de notre ère parlent,
rarement il est vrai, de *Jeshu hanotzri* et de *notzrim* !

S'agit-il d'un nom qu'ils se donnent à côté de bien d'autres figurant
dans le Nouveau Testament — croyants, fidèles, saints, élus, serviteurs
de Dieu, frères, « adeptes de la voie » (Act. 9.2) — ou bien d'une
dénomination qui leur a été imposée de l'extérieur ? La réponse n'est
pas aisée et Épiphane semble lui-même hésiter entre « tous les chrétiens
furent appelés nazaréens » (Pan. 29.1.3 ; 6.2) ou bien « s'appelèrent
nazaréens » soit en référence à la ville de Nazareth, soit en référence à
leur foi en Jésus « qui sera appelé le nazaréen » (Mt. 2.23). Avant lui,
Tertullien se montre plus catégorique, mais sur quelles bases ?
« *Nazarenus vocari habebat secundum prophetiam Christus Creatoris*
(référence à Mt. 2.23 sans aucun doute). *Unde et ipso nomine nos iudaei
nazareni appelant per eum* » (Adv. Marc. 4.8.1).

Le même Épiphane et lui seul évoque le nom d'*iessaioi* qu'auraient
porté les chrétiens « pendant une très courte période » (Pan. 29.1.3).
Les explications embarrassées qu'il avance aussi bien que le rapprochement hasardeux que dans la ligne d'Eusèbe de Césarée (H.E. 2.17) il
opère entre eux et les Thérapeutes décrits par Philon dans le *de vita*

contemplativa nous conduisent personnellement à émettre les plus grandes réserves quant à l'historicité de ce qu'il nous rapporte à ce sujet (Pritz 39-42).

Si nazaréen a constitué l'une de plus anciennes, sinon même la plus ancienne, et la plus répandue des dénominations désignant les disciples du Rabbi de Nazareth, des membres de la *Voie* (Act. 9.2 ; 19.9.23 ; 22.4 ; 24.14.22 ; 18.25-26 ; Mt. 22.16), alors pourquoi a-t-il disparu se demandent certains ? (Pritz 14-15). Est-il exact de dire avec Duchesne que « le judéo-christianisme a fini obscurément et misérablement », ou, pour reprendre l'affirmation de Lietzmann qu'« il s'éteint silencieusement dans la solitude. L'Église qui représentait le christianisme universel et s'efforçait de conquérir le monde ne s'aperçut pas de cette disparition ». La réponse est, apparemment, des plus simples. D'abord, nazaréen n'a jamais désigné à l'origine que des chrétiens d'Orient d'expression sémitique, parlant hébreu ou araméen, et sous différentes formes on le retrouve de nos jours en syriaque, en arabe, en arménien, ou en persan dans l'inscription de la Ka'aba de Zarathoustra (fin IIIᵉ siècle de notre ère) où figurent les équivalents de *notzri* et de chrétien (Pinès 1968). Cependant comme le fait remarquer J. E. Taylor avec pertinence, il nous faut être attentif à ne pas trop serrer l'assimilation *notzri*/sémitophone. Comment en effet définir ces « hellènes » de la communauté primitive de Jérusalem (Scroggs 1968) ou ces premiers disciples de Jésus en Égypte avant 116 sur lesquels nous savons si peu (Roberts 1949 ; Mélèze 1991, 183-186, 204), pour ne rien dire de certains courants en Asie Mineure (Blanchetière 1981). Les affirmations de Duchesne et de Lietzmann constituent une manifestation supplémentaire de cette méconnaissance, aujourd'hui comme hier, du monde oriental par le christianisme grec, ce qui est en fin de compte une tautologie, puis latin et ce pour des raisons linguistiques ou politiques. Nazaréen n'a donc disparu que dans le monde gréco-romain, puisque d'aucuns le retrouvent à la naissance de l'islam (Magnin 1973-1978) et Pinès dans un écrit d'Abd-el Jabbar au IXᵉ siècle ! (Stroumsa 1992, 249 note 29).

Quel sens donner au terme nazaréen ?

La question de l'étymologie s'est déjà posée aux anciens. Épiphane (Pan. 29.5.7 ; 6.1) en est la preuve qui exclut naziréens/*naziraioi* dérivé de *nazir i-e* consacré par vœu spécial, à l'instar de Samson, de Jean le Baptiste ou de Jacques le frère du Seigneur (Pan. 29.4.2) et nasaréens/*nasaraioi*, noms de sectaires juifs pré-chrétiens sur lesquels il ne nous dit pas davantage, pas plus que d'autres d'ailleurs (Thomas 1935, 37-40).

Dans ses *Onomastica sacra*, Jérôme traite la question en linguiste et précise : « *Nazareth... scribitur autem non per z litteram, sed per hebraeorum sade quod nec s nec z litteram sonat*/ Nazareth s'écrit non avec la lettre z, mais avec la lettre hébraïque tsade que ne rendent ni le s ni le z ». Ceci exclut du fait même naziréens et nasaréens comme le disait autrement Épiphane. Et Jérôme de préciser en commentant Isaïe 11.1 « *sciendum est quod hic Netzer per tsade litteram scribatur cuius proprietatem et sonum inter z et s latinus sermo non exprimit* » (CCSL 73 147 24-30).

La question d'une dérivation possible ou non de *nazôraios* à partir de Nazareth pour des raisons strictement linguistiques a fait l'objet de multiples travaux modernes. Il serait vain d'évoquer tous ceux que Pritz a regroupés dans sa bibliographie. Je me contenterai des conclusions de G. F. Moore qui rappelle que le syriaque *nasrayie* ne doit rien au grec mais dérive de l'araméen, pour en conclure : « there is no philological obstacle to deriving Nazôraios-Nazarenos from the Name of a Town Nazareth ». (Moore 1920). Reste possible le fait que la racine *N.Tz.R.* n'ait pas obligatoirement le sens de *reste*, mais celui de garder, conserver, prendre soin de, observer, ainsi que le pense Lidzbarski (Thomas, 1935 38 n. 3). Les étymologies antiques n'ont rien de scientifique !

Il y a tout lieu de penser que nazaréen a constitué, au départ, une référence géographique — ce serait en quelque sorte le point de vue de l'autre. Les nazaréens sont avant tout les disciples d'un Rabbi venu de Nazareth (Pan. 29.5.6) « la ville où il avait été élevé » (Lc. 4.16) lui, « le prophète de Nazareth en Galilée » (Mt. 21.11), un bourg dont on ne sait pratiquement rien en dehors des quelques douze mentions dans le Nouveau Testament si ce n'est ce qu'en ont révélé les fouilles archéologiques de ces dernières décennies, dont la première mention en hébreu se trouve dans une liste gravée au IIe ou au mieux au IIIe siècle et retrouvée à Césarée maritime (Avi-Yonah 1962), une ville sacerdotale selon *Kohelet Rabba* 2.8, un écrit du VIe siècle, qui, s'il faut en croire Épiphane, n'abrite à son époque « ni hellènes/païens, ni samaritains, ni chrétiens » (Pan. 30.11.10), dont ne parle pas la littérature rabbinique peut-être intentionnellement ou tout simplement parce qu'il n'y a rien à en dire, un bourg qui semble n'avoir pas bonne presse (Jn. 1.46) dans cette *Galil hagoim*, ce « district des Nations » (Is. 8.23 ; 1M 5.15 ; Mt. 4.15). Nombre de ces nazaréens sont donc comme Jésus (Mt. 26.69 ; Lc. 23.6) des Galiléens (Mc. 14.70 ; Lc 22.59 ; Act. 1.11 ; 2.7), dénomination que l'on retrouve chez Épictète (Arrien, *Entretiens* 4.7) et surtout chez l'empereur Julien qui rédigera un *Contre les Galiléens* et qui, selon la légende, se serait exclamé sur son lit de mort « Tu as vaincu Galiléen ! », tandis que dans les *Actes de Théodat d'Ancyre* § 31 les polythéistes appellent Jésus un « meneur de Galiléens ». Même rapprochement nazaréens-Galiléens dans la notice de la *Suda* sur laquelle nous aurons à revenir.

Cependant, assez rapidement, nazaréen, adopté par les disciples du Rabbi Jeshuah, a fait l'objet d'une interprétation nettement messianique à la lumière d'un verset d'Isaïe : « *Vaietzè hoter migez'a Ishaï venetzer mishoraschav Yfreh* — Un rejeton sortira de la souche de Jessé, un surgeon poussera de ses racines » (Is. 11.1) comme semble en témoigner le fameux passage de Matthieu 2.23 « ... il se retira dans la région de Galilée et vint habiter une ville appelée Nazareth pour que s'accomplisse ce qui avait été dit par les prophètes : il sera appelé *nazôraios* ».

C'est bien ainsi que Jérôme l'a compris qui écrit dans son commentaire sur Isaïe 11.1 « *Illud quod in Evangelio Matthaei omnes quaerunt Ecclesiastici et non inveniunt ubi scriptum sit "quoniam Nazarenus vocabitur" (Mt. 2.23), eruditi Hebraeorum de hoc loco assumptum putant* ».

On peut se demander avec Pritz qui sont ces « Hébreux » et répondre avec lui qu'il y a peu de chances pour qu'il s'agisse des maîtres juifs de l'ermite de Bethléem (Bardy 1934). « Perhaps it is the Nazarenes themselves either in direct contacts with them (ce qui me paraît personnellement très improbable) or in their commentary on Isaiah (dont il est vrai nous ne connaissons rien) ». Et Pritz de souligner que du fait de leur pauvre savoir en hébreu, hormis Jérôme, aucun commentateur d'Isaïe jusqu'à la Renaissance n'a fait le lien entre Mt. 2.23 et Isaïe 11.1 par le truchement de *netzer*, un terme à la connotation messianique prononcée, y compris dans la littérature juive (Pritz, p.13 n.13).

Disciples de Jésus le nazaréen qu'ils reconnaissaient comme Messie, fils de David, n'hésitant pas à le faire naître à Bethléem, la ville de Jessé, l'ancêtre du roi David — d'où la connotation messianique du terme d'isséens que les chrétiens auraient un temps porté — les nazaréens sont donc des Juifs convaincus que le Messie était déjà advenu, des Juifs messianiques, comme il y en eut à l'époque et encore à des époques plus proches de nous. Convenons toutefois qu'une même dénomination n'implique pas *ipso facto* une unité constituée, sous une direction monarchique, comme veulent le donner à penser nos sources.

Les dérives d'une dénomination : nazaréens et ébionites

Il semble donc établi, à partir de la littérature néo-testamentaire, qu'en Orient sémitique usant de l'hébreu ou de l'araméen nazaréen a constitué la dénomination la plus ancienne et la plus courante pour désigner et le Rabbi Jeshuah et ses disciples après lui.

La première génération d'écrivains chrétiens, ceux que l'on désigne comme les Pères apostoliques, n'en parle pas quoique cette première littérature chrétienne non canonique soit de grande importance pour entendre et voir vivre ces Juifs fidèles de Jésus Messie.

Remarquons au passage et contrairement à ce que paraît penser Pritz (Pritz, p. 14), que les citations d'Isaïe 11.1 dans la littérature patristique inventoriées dans les volumes de *Biblia patristica* ne se situent pas dans un contexte polémique, même dans le cas de Justin (IA 32 ; D.T. 86 ; 100 ; 126), mais dans le cadre d'un commentaire exégétique.

Pour notre connaissance de ce courant regroupant des Juifs disciples de Jésus,

> « les principales sources, écrit M. Simon, peuvent ici se répartir en deux groupes : d'une part les catalogues d'hérésies qui commencent avec Irénée... d'autre part, une série de témoignages moins apprêtés, ceux en particulier de Justin Martyr, d'Origène, d'Eusèbe et de saint Jérôme. Cette opposition correspond en gros à une différence d'origine géographique : les auteurs du premier groupe sont surtout — Épiphane mis à part — des

occidentaux, de naissance ou de résidence, et n'ont de ce fait, pour la plupart, qu'une connaissance indirecte du judéo-christianisme. Le second groupe, au contraire, est constitué d'écrivains orientaux. Leurs témoignages offrent cet avantage incontestable d'être de première main et indépendants les uns des autres ». (Simon 1964, 281).

J'ajouterai que bon nombre de ces derniers connaissent les langues orientales, Épiphane et Jérôme surtout.

Bien qu'il ne mentionne pas explicitement les nazaréens, le témoignage de Justin, né à Néapolis/Naplouse en Samarie, est particulièrement précieux, car il se situe dans le cadre d'une discussion sur les observances rituelles et leur validité permanente pour les Juifs et pour ceux qui « croient en ce Jésus crucifié » (IA. 46.1). Nous retrouvons donc ce que l'on appelle la « controverse d'Antioche » (Act. 15) et l'arrière-plan de l'épître de Paul aux Galates. Quoi qu'il en soit des décisions arrêtées lors de l'« assemblée » de Jérusalem (Act. 15.5 sq), la querelle perdure.

Justin commence par répondre que, depuis la ruine du Temple, l'accomplissement de tout un ensemble de *mitzvot* n'est plus possible, en particulier celles relatives aux sacrifices et à certaines purifications, un problème auquel ont dû faire face les maîtres pharisiens réunis à Yavné et en particulier Rabbi Yohanan ben Zakkaï. Restent quand même, répond Tryphon, par exemple la circoncision, les néoménies, certaines purifications. Mais alors, interjecte Justin, les Patriarches et leurs épouses qui n'ont pas observé toutes ces *mitzvot* si l'on excepte la circoncision seront-ils sauvés ? Tryphon n'a aucune peine à le concéder avant de revenir à sa question. Ce à quoi Justin répond :

> « Du moins, à ce qu'il me semble, Tryphon, je dis qu'il sera sauvé, pourvu qu'il ne cherche pas de toutes manières à imposer aux autres hommes, j'entends à ceux des Nations qui, par le Christ, sont circoncis de l'erreur, d'observer les mêmes prescriptions que lui, pourvu qu'il ne dise pas qu'ils ne seront pas sauvés s'ils ne les observent pas... Si au contraire, par faiblesse d'esprit, ils veulent observer tout ce qu'ils peuvent des observances que Moïse a instituées... et en même temps espérer en notre Christ et observer les pratiques éternelles de la justice et de la religion naturelle, s'ils consentent à vivre avec les chrétiens et les fidèles, sans vouloir leur imposer, comme je l'ai dit plus haut, de se circoncire comme eux, de faire les sabbats et d'observer toutes les pratiques semblables, je dis qu'il faut les accueillir et frayer avec eux en toutes choses, comme avec des frères nés de

mêmes entrailles. Mais dis-je, si ceux de votre race qui disent qu'ils croient au Christ usent de tous les moyens pour contraindre les Gentils qui croient au Christ à vivre selon la Loi instituée par l'intermédiaire de Moïse, ou s'ils ne consentent pas à frayer avec eux en cette même vie religieuse, je fais comme eux, je ne les reçois pas. Quant à ceux qui se laissent persuader de vivre selon la Loi et qui en même temps continuent à confesser le Christ de Dieu, j'admets qu'ils peuvent être sauvés ». (DT. 47.1-4).

Indépendamment du témoignage qu'il nous fournit sur le prosélytisme des hébréo-chrétiens, Justin adopte une position assez conciliante, même si son opinion relative à ceux qui continuent de pratiquer les coutumes juives de leurs ancêtres n'est guère positive. Quant à lui, il est prêt à admettre au salut qui pratique les *mitzvot* et qui ne les pratique pas à la seule exception des païens qui se mettraient à judaïser. Toutefois il refuse que ces pratiques soient imposées à tous, ce qui est parfaitement dans la ligne des décisions adoptées lors de l'« assemblée » de Jérusalem. Mais en même temps, il reste soucieux de préserver l'unité des croyants par delà la diversité des pratiques. Enfin, il va de soi que la référence à Jésus est essentielle et fondamentale *pour tous*, il n'en reste pas moins que l'accent est mis sur la *praxis*, sur les observances.

Avec Origène, nous abordons toute une série d'auteurs qui se situent dans l'orbite de la bibliothèque de Pamphile à Césarée maritime, des érudits vivant en Palestine et souvent au contact direct avec les milieux juifs.

Pas plus que Justin, Origène n'évoque directement les nazaréens (de Lange 1976). Son témoignage n'en est pas moins capital. Dans son *Contre Celse* pour réfuter les affirmations de Celse concernant « les croyants venus du judaïsme », il précise : Celse « n'a pas remarqué que ceux des Juifs qui croient en Jésus n'ont pas abandonné la Loi de leur Pères » — *ton patrion nomon* une expression technique traditionnelle, faut-il le rappeler (Mélèze 1991, 49) — « car ils vivent en conformité avec elle » (C.C. 2.1). Ainsi deux éléments les définissent : leur croyance en Jésus et leur pratique des *mitzvot* comme tous les Juifs. Il ajoute pourtant une précision importante : « ils doivent leur appellation à la pauvreté de leur interprétation de la Loi » d'où leur nom d'ébionites. Cette référence à l'herméneutique comme critère de différenciation au sein du *poikilon* que constitue selon Philon ou Josèphe le judaïsme à la veille de la Grande Révolte n'est pas à sous-estimer (Vidal-Naquet 1981, 35-39). Or, après avoir proposé plusieurs interprétations plus ou moins méprisantes (Borret 1967, 279 n. 1), Origène dans la suite de son travail va distinguer soigneusement deux courants ébionites en fonction de leur christologie : « ceux qui admettent comme nous que Jésus est né d'une vierge, ceux qui ne le croient pas né de cette manière, mais comme le reste des hommes » (C.C. 5.61 et 65). Ce qui conduit M. Simon à ce commentaire : « Le plus clairvoyant des auteurs chrétiens est sans conteste Origène. Lui du moins a nettement vu et dégagé les rapports qui unissaient l'ébionisme d'une part au judaïsme, d'autre part à l'Église primitive... C'est là l'exacte perspective historique, méconnue de la plupart des hérésiologues anciens » (Simon 1964, 286).

Eusèbe une fois encore ne représente pas un apport original si sa contribution n'en demeure pas essentielle pour notre connaissance de l'histoire ancienne du mouvement chrétien. C'est vraisemblablement à Origène qu'il a repris sa dichotomie du mouvement ébionite plutôt qu'à Irénée ou à Hippolyte comme le suppose un moment Pritz (Pritz, 23-28) à moins qu'il ne s'appuie sur ce qu'il a recueilli par lui-même.

Référence a été faite à plusieurs reprises déjà à Épiphane né vers 315 à Eleuthéropolis/Beit Gouvrin en Palestine, polyglotte au témoignage de Jérôme son ami, fondateur de monastère dans sa ville et devenu évêque de Constantia-Salamine de Chypre en 367 jusqu'à sa mort en 402 ou 403. Il a composé son *Panarion* ou *Réfutation de toutes les hérésies* avant 374 et son voyage à Rome en compagnie de Jérôme. « Grand inquisiteur », le personnage apparaît peu sympathique.

De tout ce qu'il nous dit des nazaréens et des ébionites, non sans confusion entre les uns et les autres, il semble que nous puissions retenir les éléments *permanents* suivants :

ༀ ils utilisent l'hébreu, du moins pour leur lecture de l'Ancien Testament et d'un évangile de Matthieu en hébreu, ce qui serait peut être à rapprocher des affirmations de Papias (Eusèbe H. E. 3.39.16) ; (Pan. 29.7.2.4 ; 9.4) ;

ༀ un temps appelés isséens, ils seraient venus de Jérusalem à Pella avant la ruine du Temple et se seraient localisés en Transjordane et à Kokaba. Ce dernier détail est à distinguer d'un renseignement de Jules l'Africain au sujet des *desposunoi* « originaires de Nazareth et de Kokaba qui s'étaient répandus dans le reste du pays » (Eusèbe H.E. 1.7.14). Ce site qu'Épiphane localise auprès de Karnaïm et d'Asteroth au pays de Bashan (Pan. 29.7-8) ne doit pas être confondu avec Kokaba de Cisjordanie le château croisé de Belvoir, aujourd'hui Kochav haYarden, ni avec un Kokaba en Haute Galilée occidentale non loin du site fameux de Yotapata comme semble le faire Jules l'Africain, mais avec un site appelé aujourd'hui Kaukab, à 18 km au sud-ouest de Damas (North 1959) ;

    ℘ ils pratiquent les *mitzvot* (Pan. 29.7.5 ; 5.4 ; 8.1 sq) ;

    ℘ ils font l'objet de mesures de rétorsion de la part des Juifs (Pan. 29.9.2-3 ; cf. Mt. 10.17-22a ; 24.9-14 ; Mc. 13.9-13 ; Lc. 12.11 ; 21.12-19 ; Jn. 9.22 ; 12.42 ; 15.18-27 ; 16.2 ; 18 ; 20)

    ℘ ils croient en un Dieu créateur universel et en Jésus (Pan. 29.7.3).

Apparemment, Jérôme parle davantage de ses contemporains plutôt que des premiers nazaréens, particulièrement lorsqu'il évoque leur herméneutique principalement dans son commentaire du Prophète Isaïe (Klijn 1972). Retenons surtout qu'il définit le nazaréisme par la pratique des *mitzvot* quand il écrit : « ... *Nazaraei qui ita Christum recipiunt ut observationes legis veteris non omittant...* » (in Is. 8.14 CCSL 73A 116).

Venons-en rapidement pour terminer à notre seconde série de témoins, la longue série des hérésiologues qui

> « se démarquent les uns les autres de façon assez servile... La préoccupation doctrinale y est dominante. Les hérésies qui s'y trouvent étudiées le sont essentiellement sous leurs aspects intellectuels, comme des systèmes théologiques, des écoles, et accessoirement comme des groupes religieux, des Églises » (Simon 1964, 281).

Dans l'ignorance où nous demeurons au sujet du *Syntagma* de Justin, la notice d'Irénée de Lyon sur les ébionites, première apparition de ce nom dans l'histoire du christianisme, mérite quelque attention du fait de sa date de composition (A.H. 1.26.2). Retenons qu'ils :

    ℘ reconnaissent le vrai Dieu comme créateur universel ;

    ℘ n'utilisent que l'évangile de Matthieu ;

    ℘ récusent Paul parce qu'il a rejeté la Loi ;

ᘒ « commentent les prophéties avec une minutie excessive », ce qu'on peut rapprocher de ce qu'on dit des pharisiens d'une part, et de la mise en œuvre de l'argument scripturaire ou de la preuve par la prophétie dans Matthieu sans doute (Mt. 2.23), et plus largement dans les synoptiques (Blanchetière 1973). Nous retrouvons la question de l'herméneutique comme critère de référence dont nous avons déjà parlé ;

ᘒ « persévèrent dans les coutumes et pratiques juives au point d'aller jusqu'à adorer Jérusalem comme étant la maison de Dieu » une preuve d'ignorance chez Irénée du fait que pour prier les Juifs s'orientent vers Jérusalem, comme en témoigne déjà le livre de Daniel (Dn. 6.11 Simon 1964, 288 n.5).

Compte tenu du point de vue adopté, à savoir l'étude du nazaréisme primitif, il ne paraît pas nécessaire d'insister sur cette longue tradition hérésiologique qui prend ses racines sans doute chez Justin (Simon 1938, 1957, 1960) au long de laquelle on va retrouver les noms de Tertullien, d'Hégésippe dans la mesure où Eusèbe nous a conservé ses idées, d'Eusèbe lui même, de Philastre de Brescia, d'Épiphane, de Jérôme, de Didyme l'aveugle, d'Augustin d'Hippone etc... et jusqu'au moyen âge par le canal d'Isidore de Séville...

La confusion s'accentue au fur et à mesure que l'on s'éloigne des origines, et pas seulement chez les intellectuels chrétiens puisque Jérôme lui-même nous dit « *quid dicam de Hebionitidis... quos vulgo Nazaraenos nuncupant ?* » (Epist. 89) et ce jusqu'à nos jours *pace* H. J. Schoeps. Comme l'écrit avec pertinence J. E. Taylor « Behind the patristic term "Ebionites" lurks the "Jewish-Christian" groups of modern scholarship, and yet the tendency manifested by the Church Fathers to mass these groups together in a precise identifiable heresy needs today to be resisted ». (Taylor 1990, 324).

En résumé, il semble possible de dire que, au sein du groupe des Juifs hébréophones ayant reconnu la messianité de Jésus tout en conservant la pratique des *mitzvot*, s'est produit, après la fuite de la communauté hiérosolymitaine à Pella ou plus tôt il est difficile de le préciser (Thomas 1935, 166 ; Pritz 1988, 122-107 ; Taylor 1990, 315-316), une rupture au sein du groupe des nazaréens/ébionites sur une base herméneutique à propos de la personne de Jésus. Les hérésiologues chrétiens soucieux de taxonomie et d'orthodoxie ont bientôt confondu les positions des uns et des autres, les dénonçant comme « secte » et en venant même à créer un ancêtre éponyme du groupe, un certain Ébion (Pritz, 37-39). De là notre difficulté à reconstituer cette histoire des origines chrétiennes. À titre de curiosité, on rappellera qu'au XIe siècle Humbert de Moyenmoutier rapproche les Grecs orthodoxes des nazaréens pour la raison que, tout en étant chrétiens, ils rompent le jeûne le samedi, comme les Juifs, et ce pendant le Carême (*Adv. Graecorum calumnia* 4 et 6, PL 143.934).

Nazaréen-chrétien

Quoi qu'il faille penser de l'hypothèse de Gélin selon laquelle les « pauvres » dont parle Paul (Gal. 2.10 ; 2Co 9.9), à savoir les chrétiens de Jérusalem, seraient des *ebionim* (Gélin 1963, 96-97), nos sources attestent et la priorité dans le temps de la dénomination de nazaréen et son remplacement par chrétien, ce qui nous amène à nous interroger sur les circonstances de cette substitution, sur l'ère géo-culturelle d'utilisation de l'un et l'autre termes, sur le sens du mot « chrétien ».

« C'est à Antioche que, pour la première fois, le nom de chrétien fut donné aux disciples » (Act. 11.26)

« Sous Claude, empereur des Romains... ceux que l'on appelait antérieurement nazaréens ou Galiléens furent dénommés chrétiens » selon la Suda, ouvrage lexicographique byzantin du Xe siècle.

C'est donc dans les années 40 et dans le contexte d'une ville polyglotte et pluri-culturelle qu'est apparue la nouvelle dénomination des disciples de Jésus. Dès lors, sans que disparaisse pour autant dans le monde oriental sémitique les dénominations antérieures, chrétien devint dans le monde hellénophone, puis latin, la dénomination reçue.

Alors qu'il ne figure qu'à deux reprises dans le Nouveau Testament (Act. 26.28 ; IP 4.16), nous retrouvons le nom de chrétien presque simultanément et dans les lettres d'Ignace d'Antioche et chez Pline le Jeune (Epist. 10.96.2-3), Tacite (Ann. 15.44) et Suétone (Néron 16) qui latinisent le mot grec au tout début du IIe siècle.

Pour certains, le terme constitue un sobriquet, quelque chose comme « pommadé ». Pour d'autres modernes, la dénomination serait due aux autorités d'Antioche ou même de Rome. Quoiqu'il en soit et de longue date ainsi qu'en témoigne Tacite, on sait que chrétien dérive de

« Christ » pris par Tacite aussi bien que par Suétone pour un nom propre « que, sous le principat de Tibère, Ponce Pilate avait livré au supplice », dérivation analogue dans le cas de *caesarianus* qui selon les époques désigne soit un partisan de César, l'homme d'État, soit un membre de la maison impériale du César, empereur des Romains. Dans la ligne des étymologies anciennes de Tertullien (Apol. 3.5) ou celle quelque peu allégoriste de Justin (IA 4.1), E. Bickerman après avoir repris le dossier conclut que ce seraient les chrétiens eux-mêmes qui auraient commencé de se dénommer de la sorte, ce que confirment nombre d'auteurs chrétiens anciens, certains envisageant ce changement de nom comme l'accomplissement du verset d'Isaïe : « À mes serviteurs sera donné un nom nouveau » (Is. 65.15, Bickerman 1949). Il est tout aussi possible, comme le soutiennent certains que *christianos* soit une translittération du latin *christianus* bâti sur le modèle *caesarianus*. Mais cela ne fait que reculer le problème, car la dérivation de *christianos* à partir de *christos* est déjà attestée chez Tacite et Suétone (Stern 1980, n°294 et 307) et, de même, la séquence *massiah/christos/christus*/oint. Il n'est par ailleurs pas sans intérêt d'évoquer ici un épisode rapporté dans le quatrième évangile. André, disciple de Jean-Baptiste, vient trouver Simon-Pierre, son frère, et lui déclare tout de go : « Nous avons trouvé le Messie (en grec *messian*) ». Et le texte de poursuivre par cette incise explicative : « ce qui signifie Christ (en grec *christos*) » (Jn. 1.41) que la nouvelle traduction en hébreu du Nouveau Testament par la *Bible Society in Israel* n'a pas cru devoir reprendre, car cela aboutit en hébreu à une répétition pure et simple. Qui plus est, relevons que le lien entre Jésus et Nazareth est évoqué dans le même contexte (Jn. 1.46). Tout ceci renforce donc la conclusion que le chrétien est messianiste. Notons enfin pour terminer que l'on retrouve *kristiani* en syriaque. Dans l'inscription de la Ka'aba de Zarathoustra déjà mentionnée nous avons les équivalents de *notzrim* et de *kristiani*, alors qu'en persan la dénomination habituelle des chrétiens dérive d'une racine *tars* signifiant craindre. Ceci induit Pinès après de Menasce à rapprocher cette dénomination des *iéré shamaïm/phoboumenoi ton theon*/craignants Dieu et à conclure que les premiers développements chrétiens se sont réalisés dans ces milieux sur la frange du judaïsme (Pinès 1968).

Toujours chez Ignace apparaît *christianismos* et en opposition à *iudaismos*, le « vivre à la Christ » étant exclusif du « vivre à la Juif » (Magn. 10.3 ; Phil. 6.1 ; Rm. 3.3 cf. Mart. Pol. 10.1). Dérivé de *christos* ou *chrestos* — une hésitation dont se gaussent Tertullien (Apol. 3.5) et Lactance (Inst. Div. 4.7) mais que l'on retrouve dans les épitaphes chrétiennes d'Asie mineure au IIIᵉ et IVᵉ siècle — *christianos* dérivé de *christos* par adjonction de la terminaison *-ismos* calquée sur le latin *-ismus* — traduit la référence à…, l'appartenance à… ainsi qu'un génitif possessif. Selon Bickerman, il a été manifestement élaboré par les disciples de Jésus d'origine juive et de culture sémitique et hellénistique, par des gens « *utraque lingua eruditi* », ainsi que se désigneront certains Africains dans leurs épitaphes. Ces Juifs chrétiens d'Antioche à la double culture ont voulu éviter le recours soit au terme de serviteur/*ebed*/*doulos* qui les aurait assimilés dans le monde hellénistique aux hiérodules méprisés, soit à un terme de même facture que isiaque ou sérapiste qui aurait donné à penser qu'ils adoraient leur *massiah*/*christos* comme leur Dieu. Ils se sont affirmés « messianistes ».

Le spécifique nazaréen

Le groupe des disciples du Rabbi de Nazareth a été considéré et s'est considéré comme une entité particulière qui a reçu les noms de « voie » ou de *airesis*/*cat*/*secte* ou courant, nantie d'une dénomination propre *notzrim*/*christianoi*.

Si, nous inspirant de la célèbre description du mode de vie que nous lisons dans l'anonyme *à Diognète,* nous tentons un parallèle, il est possible de dire d'abord que les nazaréens sont des Juifs comme bien d'autres qui vivaient en Palestine ou dans les provinces orientales de l'Empire romain durant les premiers siècles de notre ère

> « ne se distinguant des autres hommes ni par le pays ni par le langage, ni par le vêtement. Ils n'habitent pas de villes qui leur soient propres, ils ne se servent pas de quelque dialecte particulier, leur genre de vie n'a rien de singulier… ils se répartissent dans les cités grecques et barbares selon le lot échu à chacun ; ils se conforment aux usages locaux pour les vêtements, la nourriture et la manière de vivre » (Diogn. 5.1-4)

Tels qu'ils nous apparaissent à la lecture de nos sources, les nazaréens habitent un peu partout et d'abord à Jérusalem, mais aussi en Judée, en

Samarie et tout particulièrement en Galilée où l'on cite Nazareth et Kokaba comme deux de leurs centres parce que berceaux ou lieux de résidence de la famille de leur maître. Comme tous leurs contemporains, ils utilisent l'hébreu pour la liturgie et l'araméen dans la vie courante. Certains sans doute sont bilingues et bi-culturels dans cette Palestine où de longue date l'hellénisme a exercé son influence. Ils viennent de toutes les couches de la société et se sont recrutés progressivement dans tous les courants religieux traversant leur époque. Certains sont d'origine pharisienne, d'autres sont des *cohanim* (Act. 6.7 ; He.) ou des lévites avec tous leurs particularismes culturels. Comme toutes les familles et pour des raisons de pureté religieuse, ils conservent précieusement leurs généalogies, s'il faut en croire Jules l'Africain (Eusèbe H. E. 1.7.14), et plus précieusement encore celle de leur maître. Pour le reste de leur existence, ce sont des Juifs respectueux de tous les préceptes et commandements de la Torah, en particulier la circoncision, le shabbat, ils fréquentent assidûment le Temple et les synagogues (Act. 2.40 ; 3.1 ; 5.12.20.21.42), ils sont quarto-decimans, c'est-à-dire qu'ils suivent le calendrier juif traditionnel et célèbrent la Pâque en lui donnant peut-être une signification propre supplémentaire le quatorze nisan (Épiphane Pan. 70.9). En résumé, comme l'écrit justement J. E. Taylor, ils « would not have considered themselves to be combining two religions (ce que tendrait à dire les dénominations modernes « Jewish-Christianity » ou « Judaeo-Christianity »), for they never accepted that Christianity was anything but the proper flowering of Judaism ». (Taylor 1990, 315).

Et pourtant, par nombre de points, ils maintiennent leur singularité :

ത et d'abord par leur attachement à la pratique des *mitzvot* ou plus généralement à la Torah, à la circoncision ; ne serait-ce ce « parti de la circoncision », « ceux de l'entourage de Jacques » (Act. 10.45 ; 11.2 ; 15.1.5 ; Gal. 2.12 ; Tite 1.10.11) ? Eux que nous retrouverions dénoncés par Ignace (Philad. 8.2. ; 5 ; 9) ?

ത ils croient qu'en la personne de Jésus le prophète de Nazareth le Messie tant attendu est advenu, dernier porte-parole du Dieu des Pères (He. 1.1) prophète des derniers temps, réalisation des antiques promesses. Pour eux, « les temps sont accomplis » (Mc. 1.15) : ils attendent le « Royaume », « la restauration d'Israël » (Ac. 1.6) ;

ᏝᏋ ils possèdent un enseignement propre à partir des dits et des faits de leur maître qu'ils se préoccupent de recueillir et de commenter. Ils s'attachent tout spécialement à commenter les textes prophétiques (Ignace Philad. 5 ; 8 ; 9) et sans doute plus particulièrement le texte d'Isaïe s'il faut en croire Jérôme (in Is. 8.14.20.21 ; 9.1-4 ; 29.20sq ; 31.6-9), une sorte de Targum (Klijn 1972) ; peut-être sont-ils détenteurs d'une version en hébreu ou en araméen de l'évangile de Matthieu (Pritz, 83-94) ;

ᏝᏋ outre leur participation assidue au culte du Temple, ils se regroupent entre eux pour la prière et la réflexion ;

ᏝᏋ ils possèdent une organisation interne autour de Simon-Pierre et des « colonnes de l'Église » (Gal. 2.9) dont Jacques Frère du Seigneur jusqu'à sa mort (Ant. 20.9.1 ; Eusèbe H.E. 2.23.21-24), puis des membres directs de sa famille (Mt. 13.55 ; Mc. 6.3), les *desposynoi*, c'est ce que du moins nos sources donnent à penser. À propos des *desposynoi*, il est toutefois important de souligner avec J. E. Taylor qu'ils revendiquent d'abord et surtout leur appartenance à la lignée royale des davidides et non leur parenté avec Jésus et leur « nazaréisme ». Donc de ce que nous dit l'Africain on ne peut déduire automatiquement une présence « judéo-chrétienne » à Nazareth et à Kokaba ;

ᏝᏋ ils pratiquent entre eux l'entraide, surtout lors des famines (Rm. 15.25-28 ; ICo. 16. 1-4 ; 2Co. 8 ; 9 ; Gal. 2.10) ;

ᏝᏋ ils ont conscience de constituer la communauté des appelés : le *qahal/Ekklesia* de la « Nouvelle Alliance », « le Nouvel Israël ». Parfaitement intégrés à la vie de leur temps, ainsi que d'autres Juifs de l'époque, ils refuseront de prendre les armes contre Rome et à l'instar de bien d'autres, ils n'hésiteront pas à quitter Jérusalem assiégée. Il a dû en être de même lors de la révolte de Bar Kochba qui les aurait persécutés, s'il faut en croire Justin, un contemporain, repris par Eusèbe (H.E. 4.8.4), peut-être pour en avoir refusé le caractère messianique.

Leur position toutefois n'a pas tardé à devenir délicate surtout après la ruine du Temple en 70 et le profond désarroi que connut le judaïsme palestinien décimé, privé de son centre de référence, de ses maîtres, plongé dans un profond désespoir dont les textes comme l'*Apocalypse de Baruch* semblent se faire l'écho.

Ils sont des Juifs pour les chrétiens à cause de leur pratique des *mitzvot*, mais aussi pour les Romains qui, après 135 leur interdiront à eux comme aux autres Juifs l'accès à Jérusalem (Eusèbe H.E. 4.6.3 ; Tertullien, adv. Iud. 13) ; l'Église de la Ville sainte jusqu'alors présidée par des chefs d'ascendance juive va se réorganiser autour de chefs helléno-chrétiens (Eusèbe 4.6.3-4). Entre temps, Domitien a fait rechercher et interroger des parents de Jésus parce que descendants de David (Eusèbe H.E. 3.19-20). On sait par ailleurs que Vespasien avait fait rechercher les davidides (He. 3.12) et que Trajan fera de même (He. 3.32 1-3).

Juifs pour les chrétiens, ils sont considérés comme des *notzrim* par les Juifs avec lesquels ils débattent de l'interprétation à donner à divers passages des Écritures, plus particulièrement des oracles prophétiques : de ce point de vue, le *Dialogue avec Tryphon* est tout spécialement important. Au fil des ans, l'animosité va croître, se muer parfois en violences, se faire discrimination et aboutir à l'exclusion (Mc. 13.9 ; Mt. 23.34 ; Jn. 12.42 ; 16.2). La fracture déjà perceptible du vivant même de Jésus ne va pas cesser de s'élargir et de s'envenimer.

Conclusion en forme d'hypothèse

Toute tentative de reconstitution historique est hasardeuse, périlleuse même, surtout s'il s'agit des origines du christianisme sur lesquelles on a déjà tant écrit et en même temps si peu sur ce christianisme d'expression sémitique en Proche-Orient. Contentons-nous donc de poser quelques jalons :

✣ les disciples du Rabbi Joshuah de Nazareth ont été très tôt dénommés nazaréens ;

✣ cette référence à la ville de résidence de leur maître et de sa famille a sans doute assez rapidement reçu des nazaréens une interprétation nettement messianique en référence à Isaïe 11.1. Il est difficile de préciser si effectivement, ainsi que l'affirme Épiphane, ils ont porté pendant un temps très court le nom d'isséen en référence à l'ancêtre des davidides ;

✣ fréquentant le Temple et les synagogues, pratiquant les *mitzvot*, ils ne se distinguent guère de leurs contemporains au milieu desquels ils vivent, parmi lesquels ils se recrutent, sinon par leurs convictions messianiques affichées : en Jésus le prophète de Nazareth le Dieu des Pères a réalisé les antiques promesses, les temps sont accomplis, le Royaume est proche ; ils ont conscience de constituer la convocation de la Nouvelle Alliance, d'être le Nouvel Israël ;

☙ vivant scrupuleusement selon la Loi de leurs Pères, ils n'en possèdent pas moins des pratiques propres. Autour des disciples directs de leur maître, puis autour des membres de sa famille, ils se réunissent pour la prière, la « fraction du pain » en souvenir de Lui. Attentifs à ne rien perdre de ses dits et faits qu'ils commentent, ils se constituent des recueils de « logia » et bientôt possèdent un « évangile en hébreu » qui n'a vraisemblablement que peu de rapports à notre Matthieu grec (Stanton 1985) mais pourrait être cet « évangile des nazaréens » dont seuls quelques fragments ont été conservés (Klijn 1988), distinct de l'« évangile des ébionites » (Howard 1988) ;

☙ convaincus comme ils l'étaient, ils n'ont de cesse de faire partager leur attente et leurs convictions au besoin au cours de discussions et de controverses, ce qui ne tarde pas à leur valoir des mesures de rétorsion, d'exclusion, la mort même dans quelques cas. Le mouvement fait toutefois tache d'huile assez rapidement « sous le couvert d'une *religio certe licita* » (Tertullien Apol. 21.1), sans qu'il faille prendre trop au sérieux les chiffres avancés dans les *Actes des Apôtres*, en Judée d'abord, en Galilée surtout, bientôt en Samarie, à Chypre, en Syrie autour de Damas et d'Antioche, en Asie Mineure, assez tôt, à Rome...

☙ lors de la grande révolte contre Rome, à l'instar du Rabbi Yohanan ben Zakkaï, de certains prêtres et de nombreux autres Juifs, la communauté nazaréenne quitte la Ville sainte assiégée et est assignée à résidence à Pella en Transjordane (Josèphe Gu. 4.377, 410, 444, 439 ; 6.113-115 ; Eusèbe H.E. 3.5.3 ; Épiphane de Mens. 15) ;

☙ durant les ultimes décennies du Ier siècle sans doute, une rupture se produit au sein de la communauté des nazaréens, essentiellement pour des interprétations relatives à la personne de Jésus et aux circonstances de sa naissance. Apparaît alors le courant ébionite. Comme le rappelle Marcel Simon, Épiphane met en rapport avec l'exode à Pella la scission au sein du courant nazaréen : les uns, des nazaréens qui seraient restés figés dans leur observance des *mitzvot* en conformité avec les décisions de l'« assemblée » de Jérusalem (Act. 15) et auraient été dès lors considérés comme « hérétiques » ; les autres, les ébionites, peut-être sous la direction d'un certain Ébion (Thomas 1935, 160) qu'Épiphane, revendiquant des informations qui lui seraient parvenues, fait vivre à Kokaba du Bashan en Transjordane (Pan. 30.2.8. ; Stroumsa 1992, 119, 292, 293 et n. 11). C'est ce courant qui s'exprimerait dans la littérature pseudo-clémentine et autres écrits très anti-pauliniens. L'un et l'autre courants ont donc pu légitimement revendiquer une ascendance dans la communauté hiérosolomitaine (Simon 1971, 488 ; Blanchetière 1993) ;

℈ certains des nazaréens en exil à Pella reviendront reconstituer l'Église de Jérusalem, en l'an 4 de Vespasien, soit en 72-73 après la chute de Massada marquant la fin de la révolte, selon Eutychius d'Alexandrie. Ses responsables dont Eusèbe donne la liste seront jusqu'en 135 « d'origine juive » c'est à dire des hébréophones (He. 3.11 ; 4.5.1-4 ; 4.6-4 ; 4.22.4-5 ; 5.12). Ils auraient même possédé un lieu de culte propre sur le mont Sion (Mimouni 1990, 222-223 ; Stroumsa 1992, 120-121). L'existence d'une « église » au mont Sion après 73 n'est pourtant pas sans faire difficulté compte tenu de la conjoncture socio-politique et du fait que Eusèbe déclare explicitement que des synagogues ont été mises en place partout sauf à Jérusalem et sur le mont Sion (Dem. Ev.6.13). Par ailleurs, ce qu'écrit Épiphane (Mens. 14) est postérieur d'un demi-siècle à la construction de l'église byzantine de la Sainte Sion. Qui plus est, s'il faut suivre l'argumentation de J. E. Taylor, l'archéologie ne permet en rien de parler d'un lieu de culte judéo-chrétien antérieur à la période byzantine (Taylor 1993, chap. 10) ;

℈ frappés comme tout Juif par les mesures d'Hadrien, exclus de Jérusalem devenue la païenne Aelia Capitolina, ils se replient ainsi que les maîtres pharisiens en Galilée, en Gaulanide et plus largement en Transjordane ;

℈ entre temps, sans doute vers 32-35, une crise a éclaté entre hébréophones et hellénophones apparemment sous des prétextes d'intendance ; la crise s'aggrave dès lors que des « non-Juifs » viennent s'agréger à la communauté. Le fossé se creuse à propos de la circoncision et des *mitzvot* entre « hébreux » et « hellènes », la caractéristique de ces derniers étant précisément une distanciation par rapport à la *praxis,* un antinomisme pratique relatif. Les uns et les autres refusent de frayer ensemble : la crise d'Antioche entre Pierre et Paul apparemment résolue lors de l'« assemblée » de Jérusalem était pourtant loin d'être terminée et connaissait des rebondissements en Galatie, sinon même à Corinthe. L'opposition aux idées pauliniennes allait se renforçant (Lüdemann 1983) ;

✣ Juifs hellénisés ou païens convertis, désormais appelés chrétiens dans le monde hellénistique, se multiplient en Asie Mineure, en Égypte, en Afrique, en Italie et deviennent largement majoritaires poussant leur réflexion à partir de leur propre culture grecque. Jérusalem n'est plus le centre et la référence aux dimensions juives originelles n'a plus guère de sens ;

✣ devenus minoritaires, récusés tant par les helléno-chrétiens pour leur pratique des *mitzvot* que par les Juifs pour leurs convictions messianiques relatives à Jésus, marginalisés par suite des crises politico-militaires en Proche et Moyen-Orient au cours des IIe et IIIe siècles, les nazaréens se trouvent confrontés à une double rupture. Une rupture « ethnique » d'abord, du fait que les conversions s'accélèrent parmi les « Gentils » sans lien ethnique et *a fortiori* culturel avec le peuple juif — les chrétiens d'origine juive de majoritaires à l'origine deviennent numériquement minoritaires —, du fait que simultanément le peuple juif saigné à blanc par les révoltes contre Rome se replie sur lui-même en Palestine du moins pour retrouver son souffle. Une rupture culturelle aussi, car les Juifs menacés dans leur existence religieuse par les édits d'Hadrien se replient pour réorganiser leur héritage excluant tout autant les *notzrim* que les interprétations de Philon, tandis que certains courants hébréo-chrétiens se marginalisent géographiquement et bientôt culturellement. Les nazaréens demeurent et créent même un christianisme original avec sa liturgie, sa théologie, ses pratiques, fortement marqué par ses origines juives et son inspiration biblique. En revanche, le courant ébionite tend à se marginaliser sur les franges de la Transjordane, à se fossiliser, coupé de tous les grands courants de réflexion ;

✣ c'est lorsque les tenants de la « grande Église » soucieux d'orthodoxie et de taxonomie vont tenter à partir du IIe siècle et surtout à compter du IVe siècle (Eusèbe, Épiphane, Jérôme) de réglementer sinon même d'enrégimenter cette polyphonie au nom du principe que formulera plus tard Vincent de Lérins « *quod semper, ubique, ab omnibus tenetur* », mais qui est déjà à l'œuvre, on se met à parler de

« sectes », à tout confondre, surtout dans ce christianisme oriental avec lequel, faute de langue commune et du fait de l'éloignement, sinon même des frontières entre Empire romain et Empire néo-sassanide, on ne parle plus...

Il semble difficile d'aller plus avant dans la reconstitution d'un puzzle dont bon nombre de pièces sont perdues, vraisemblablement à tout jamais... Cependant des lignes de continuité apparaissent par delà les ruptures tant par rapport au judaïsme rabbinique qui se structure à la même époque que par rapport aux autres Églises avec lesquelles sous des expressions différentes, les nazaréens partagent une même référence au Rabbi Jeshuah/Jésus de Nazareth. Et pour répondre à A. F. J. Klijn qui se demande si une communauté de nom autorise à postuler une continuité (Klijn 1989), il est possible de rappeler que les auteurs anciens, y compris les plus hostiles, nous conduisent précisément à postuler une continuité par delà les divergences, les ruptures, puisqu'ils soulignent eux-mêmes la parenté des comportements, des pratiques, des références...

Les disciples de Jésus de Nazareth, au cours du IIe siècle, ont eu à naviguer entre deux écueils : d'une part rester une simple modalité du judaïsme, un courant juif en quelque sorte, ainsi les voyaient les autorités romaines s'il faut en croire Tertullien qui dans son *Apologétique* concède que *sub umbraculo religionis certe licitae* le mouvement s'est répandu et que Juifs et chrétiens honorent le même Dieu sans pour autant verser dans l'ébionisme pour les croyants d'origine juive, ou judaiser pour les Gentils convertis ; simultanément d'autre part refuser les positions de Marcion et couper toute référence au judaïsme originel et à la Bible.

En résumé, à tout le moins jusqu'à la fin du Ier siècle et la mise en œuvre de la *Birkat haminim* ou plutôt vers 135 lors de l'érection d'Aelia Capitolina et suite à l'interdiction d'accéder et *a fortiori* de résider dans Jérusalem, les nazaréens sont des Juifs d'expression sémitique ou porteurs d'une double culture, vivant en symbiose existentielle, religieuse et culturelle, avec leurs contemporains, mais animés par des convictions messianiques relatives à Jésus de Nazareth. N'oublions cependant pas que, au fil des siècles nazaréen va perdre une partie de sa précision originelle et devenir en Orient un terme générique pour désigner l'ensemble des disciples de Jésus, ainsi que de nos jours comme il l'a été rappelé ci-dessus, et comme il l'était peut-être déjà à la fin du premier siècle de notre ère lorsque a été élaborée la *Birkat haminim* qui enveloppe dans la même réprobation les *notzrim* et les *minim* (TB *Ber.* 28b ; Justin D.T. 16.1 ; 93.4 ; 96.2 ; 123.6 ; Tertulien adv. Marc. 4.8.1. ; Jérôme in Amos 1.1.11sq. ; in Is. 2.5.9. ; 13.4.9 ; 14.52 ; Flusser 1974 ; Alon 1980 ; Kimelman 1980).

Ainsi, à côté de l'*Ecclesia ex gentibus* c'est-à-dire les chrétiens en Occident, dans les pays d'Orient d'expression sémitique continue d'exister l'*Ecclesia ex circumcisione*, celle des nazaréens qui, vers la fin du Ier siècle, va donner naissance à un second courant, l'ébionisme (Magnin 1973-1978). La rupture que l'on a tenté d'éviter lors de l'« assemblée » de Jérusalem s'est en fin de compte produite, fondamentalement pour des motifs socio-culturels.

Mais que l'on ne s'y méprenne pas. L'intention des pages qui précèdent n'est pas de rendre compte dans leur diversité des multiples courants se réclamant du Rabbi de Nazareth, encore moins de leurs convictions et de leurs pratiques qui, pour une large part, nous échappent. Il ne s'agit ici que d'un essai de compréhension d'une des composantes originelles de la polyphonie primitive et ce, *grosso modo,* avant la fin du premier siècle de notre ère au sein d'un judaïsme polymorphe qui va subir ou a subi le traumatisme de la Grande Révolte et de la destruction du Temple avant de se restructurer progressivement.

Université de Strasbourg II, Centre de recherche français de Jérusalem

BIBLIOGRAPHIE
(PRITZ 1988, 130-135)

ALON G., 1980, *The Jews in their Land in the Talmudic Age.* Jerusalem : 288-307.

BAMMEL E., 1966-67, « Christian Origins in Jewish Tradition », N.T.St., 13 : 317-335, repris in *Judaica Kleine Schriften.* Tübingen 1986 : 220-238.

BARDY G., 1934, « Saint Jérôme et ses maîtres hébreux », *Revue Bénédictine,* 46 : 145-164.

BICKERMAN E. J., 1949, « The Name of Christians », H.Th.R., 43 : 109-124, repris in *Studies in Jewish and Christian History,* III : 139-151. Leiden 1986.

BLANCHETIÈRE F., 1973, « Aux sources de l'anti-judaïsme chrétien », *Revue d'Histoire et de Philosophie religieuses,* 53 : 353-398.

—— 1981, *Le christianisme asiate aux IIe et IIIe siècles,* Lille.

—— 1993, « La migration des "nazaréens" à Pella » dans ce même volume.

BORRET M., 1967, *Origène, Contre Celse Sources chrétiennes* n° 132 Livres I & II Paris 1967 ; n° 147 Livres V-VII Paris 1969.

de LANGE N. M. R., 1976, *Origen and the Jews. Studies in Jewish Christian Relations in Third Century Palestine.* Cambridge.

FENASSE J.-M., 1966, « Pella », *Dictionnaire de la Bible,* Supplément VII : 605-626.

FLUSSER D., 1974, « Jerusalem in the literature of the Second Temple Period » (hébreu) in *Ve-im Be-gevouroth Fest. Rubin and Hanna Mass.* Jerusalem : 263-294, stt 269-273.

GELIN A., 1963, *Les pauvres de Yahvé.* Paris.

HOWARD G., 1988, « The Gospel of the Ebionites », *ANRW* 25.5 : 4034-4053.

KIMELMAN R., 1981, « Birkat haMinim and the lack of Evidence for an Anti-Christian Jewish Prayer in Late Antiquity », in SANDERS, 1981 : 226-244.

KLIJN A. F. J., 1972, « Jerom's Quotations from Nazorean Interpretation of Isaiah » RSR : 241-255.

KLIJN A. F. J. and REININK G. J., 1973, *Patristic Evidence for Jewish-Christian Sects.* Leiden.

KLIJN A. F. J., 1988, « Das Hebräer und das Nazoräervangelium », *ANRW* 25.5 : 3997-4033.

—— 1989, compte rendu de l'ouvrage de R. A. PRITZ in *Vig. Christ.,* 43 : 409-410.

LAUTERBACH Z., 1951, « Jesus in the Talmud » in *Rabbinic essais*. Cincinnati : 453-471.

LEGASSE S., 1974, « La légende juive des Apôtres et les rapports judéo-chrétiens dans le haut Moyen-Age », *BLE*, 75 : 99-132.

LÜDEMANN G., 1980, « The Secession of Pre-70 Jerusalem Christianity. A Critical Evaluation of the Pella Tradition », in SANDERS, 1980 : 161-173.

—— 1983, *Antipaulinismus im frühen Christentum*. Göttingen, tr. anglaise *Opposition to Paul in Jewish Christianity*. Fortress Press, 1989.

MAGNIN J. M., 1973-1978, « Notes sur l'ébionisme », *Proche-Orient Chrétien* 23 (1973) : 233-265 ; 24 (1974) : 225-250 ; 25 (1975) : 245-273 ; 26 (1976) : 293-318 ; 27 (1977) : 250-277 ; 28 (1978) : 220-248.

MARCUS R. A., 1980, « The Problem of Self-Definition : From Sect to Church », in SANDERS, 1980 : 1-15.

MÉLÈZE-MODRZEJEWSKI J., 1991, *Les Juifs d'Égypte, de Ramsès II à Hadrien*. Paris.

MIMOUNI S. C., 1990, « La Synagogue judéo-chrétienne de Jérusalem au Mont Sion », *Proche-Orient Chrétien*, 40 : 215-234.

MOORE G. F., 1920, « Nazareth and Nazarene », in *The Beginnings of Christianity*, vol. 1, F .J. F. JACKSON & K. LAKE, eds. London : 426-432.

NORTH R., 1959, in *Verbum Domini*, 35 : 48-49.

PINÈS S., 1968, « The Iranian Name for Christians and the God Fearers », *Proceedings of the Israel Academy of Sciences and Humanities*, II [7] : 143-152.

POURKIER A., 1992, *L'hérésiologie chez Épiphane de Salamine*, Beauchesne. Paris [Christianisme antique, 4] (Cet ouvrage nous est parvenu trop tard pour être utilisé).

PRITZ R.A., 1988, *Nazarene Jewish Christianity. From the End of the New Testament Period Until Its Disappearance in the Fourth Century*. Jerusalem/Leiden.

ROBERTS Ch., 1949, *Manuscript. Society and Belief in Early Christian Egypt*. Oxford.

SANDERS E. P., 1980, *Jewish and Christian Self-Definition*, vol. I The Shaping of Christianity in the Second and Third Century. London.

SANDERS E. P., BAUMGARTEN A. L. & MENDELSON A., 1981, *Jewish and Christian Self-Definition*, vol. II Aspects of Judaïsm in the Greco-Roman Period. London.

SCROGGS R., 1968, « The Earliest Hellenistic Christianity », in *Religion in Antiquity*, Essays in Memory of E. R. Goodenough, J. Neusner ed. Leyde : 176-206.

SIMON M., 1938, « Sur deux hérésies juives mentionnées par Justin », *Revue d'Histoire et de Philosophie Religieuses*, 18 : 54-58 repris in *Scripta Varia*, 1981 : 103-108.

—— 1957, « Les sectes juives d'après les témoignages patristiques », *T.U.*, 63 : 526-539 ; repris in *Scripta Varia,* 1981 : 103-108.

—— 1967, *Les sectes juives au temps de Jésus.* Paris.

—— 1964, *Verus Israel. Étude sur les relations entre Chrétiens et Juifs dans l'Empire romain (135-425),* 2ᵉ édition. Paris. tr. anglaise *Verus Israel. A study of Relations between Christians and Jews in the Roman Empire (AD 135-425)* by H.McKEATING. Oxford 1986.

—— 1972, « La migration à Pella - Légende ou réalité ? », *Recherches de Science Religieuse,* 60 : 37-54 ; repris in *Scripta Varia,* 1981 : 477-494.

—— 1979, « From Greek Haeresis to Christian Heresy », in *Early Christian Literature and the Classical Intellectual Tradition. Festschrift R. M. Grant.* Paris : 101-106 repris in *Scripta Varia,* 1981 : 821-836.

—— 1981, « Le christianisme antique et son contexte religieux », *Scripta Varia Wissenchaftliche untersuchungen zum Neuen Testament* 23, 2 vol. Tübingen.

STANTON G., 1985, « The Origins and Purpose of Matthew's Gospel. Matthean, Scholarship from 1980 », *ANRW,* 25.3. 1889-1951.

STERN M., 1980, *Greek and Latin authors on Jews and Judaism,* vol. 2 From Tacitus to Simplicius. Jerusalem.

STROUMSA G. G., 1992, *Savoir et Salut.* Chapitre 6 « Vetus Israel, les Juifs dans la littérature hierosolymitaine d'époque byzantine » paru dans *RHR,* 205 (1988) : 115-131.

TAYLOR J. E., 1990, « The Phenomenon of Early Jewish-Christianity : reality or Scholarly Invention ? », *Vig.christ.,* 44 : 313-334.

TAYLOR J. E., 1993, *Christians and the Holy Places : the Myth of Jewish-Christian Origins.* Oxford.

THOMAS J., 1935, *Le Mouvement baptiste en Palestine et en Syrie (150 avant Jésus Christ-300 après Jésus Christ).* Gembloux.

TRAVERS HERFORD R., 1903, *Chritianity in Talmud and Midrash.* London.

VIDAL-NAQUET P., 1981, *Les Juifs, La Mémoire et le Présent.* Paris.

FRANÇOIS BLANCHETIÈRE ET RAY PRITZ

LA MIGRATION DES « NAZARÉENS » À PELLA

JUSQU'À UNE DATE relativement récente, l'historicité d'une migration volontaire ou non de la communauté chrétienne hors de Jérusalem au cours de la première révolte juive contre Rome entre 66 et 70 ne semble pas avoir été sérieusement ni méthodiquement remise en question.

Or, après avoir présenté une première ébauche de sa thèse dans un article du *Hibbert Journal,* le regretté S. G. F. Brandon publiait successivement deux ouvrages : *The Fall of Jerusalem and the Christian Church,* en 1951, puis *Jesus and the Zealots,* en 1967, dans lesquels, avec l'érudition qui le caractérisait, il soutenait une parenté d'idées entre Jésus et ses premiers disciples d'une part, le courant « révolutionnaire » des zélotes d'autre part. Ceci l'amenait, au passage, à aborder la question de la participation des premiers chrétiens au premier grand soulèvement nationaliste juif contre Rome entre 66 et 72 et, pour ce qui nous intéresse présentement, la tradition relative à une migration des chrétiens à Pella dont il révoquait en doute l'historicité en fonction de trois types d'aporie qu'avec R. A. Pritz on peut résumer ainsi :

1. Avant 70, l'Église de Jérusalem a exercé une indéniable suprématie et son autorité, parfois remise en question, n'en était pas moins réelle. Après cette date, on ne voit pas qu'elle exerce quelque emprise que ce soit sur les affaires de l'Église. Si ses responsables se sont réfugiés un temps à Pella pour revenir ensuite, qu'est devenue alors leur au-

torité ? Pourquoi aurait-elle subitement disparu ? Il faut donc en conclure qu'elle n'a pas survécu à la catastrophe.

2. Pella a été rasée en 66, s'il faut en croire Josèphe (Gu 2 : 457-460), elle ne pouvait dans ces conditions constituer un refuge pour les judéo-chrétiens, car ou bien ils s'y seraient déjà trouvés en 66 et auraient été traités comme des traîtres par les assaillants, ou bien ils seraient arrivés après cette date et l'on peut se demander comment ils auraient été accueillis par des « Grecs » victimes d'un raid de représailles de la part des Juifs. On pourrait se demander encore comment des nazaréens observant des *mitzvot* auraient pu avoir l'idée de s'installer parmi des « Grecs » c'est-à-dire des païens ?

3. Comment, pour parvenir à Pella, ont-ils pu franchir le double obstacle des zélotes, puis des Romains ?

Indépendamment de ses idées sur le « zélotisme » de Jésus et de ses premiers fidèles, les positions de Brandon sur la migration à Pella suscitèrent tout un ensemble de réactions contradictoires qu'il serait quelque peu vain d'énumérer en détail. On se contentera ici d'évoquer quelques positions parmi les plus symptomatiques.

Et d'abord celle de J. Munck (Munck 1960) avec lequel G. Lüdemann n'est pas sans manifester une certaine affinité (Lüdemann 1980). Envisageant assez largement la question des judéo-chrétiens, Munck est amené incidemment à traiter de la migration de la communauté primitive à Pella, qu'il ramène à une simple histoire édifiante destinée à démontrer que seuls les judéo-chrétiens ont échappé à la colère divine, parce qu'ils ont cru aux avertissements providentiels. Munck avance par ailleurs, sans présenter une véritable argumentation, que la communauté primitive a sombré dans la catastrophe de 70 et que les sectaires judéo-chrétiens des siècles postérieurs n'ont aucun droit à revendiquer quelque lien que ce soit avec la communauté primitive. Sur ce point, Lüdemann présente une hypothèse qui méritera attention en son temps.

Reste la position de G. Strecker formulée dans le cadre de son étude sur les *Recognitions Pseudo-Clémentines* dont un passage sur lequel nous aurons à revenir constituerait déjà un écho d'une tradition dont on ne trouve une formulation claire qu'au IVe siècle. Or, à son avis, cette tradition de la migration à Pella se révèle sans fondement réel ni chez

Hégésippe ni dans l'Apocalypse synoptique qui semblent bien l'ignorer. Par ailleurs, la liste épiscopale conservée par Eusèbe pour l'Église de Jérusalem veut ici comme ailleurs souligner la continuité, ce qui exclut du même coup une migration éventuelle de la communauté.

Il nous faudra peser chacun de ces arguments et leur répondre. On voit toutefois que, d'une manière ou d'une autre, les objections avancées relèvent une fois encore de la *Dogmengeschichte* et peuvent se résumer de la façon suivante : S'il y a continuité entre la communauté de Pella et la communauté primitive de Jérusalem et si la communauté de Pella peut légitimement être définie comme ébionite, alors la communauté primitive de Jérusalem était ébionite, ce qu'à Dieu ne plaise!

La Vérité est toujours considérée à l'origine, elle est antérieure à l'erreur. S'il ne peut en être qu'ainsi, la tradition relative à une migration à Pella est donc purement légendaire.

Tel est le cercle dans lequel d'aucuns tentent de nous enfermer. Or, cet enfermement nous apparaît moins réel qu'on voudrait nous le faire accroire. Et plutôt que de nous en tenir à une histoire des idées dont les bases nous font largement défaut, il paraît raisonnable de revenir à l'Histoire, aux faits tels que l'ensemble de nos sources nous permettent de les dégager. En effet, même dans une légende tous les éléments ne sont pas obligatoirement légendaires.

Les sources

G. Lüdemann le fait justement remarquer, il semble impossible de séparer les textes qui nous la rapportent de la tradition même relative à la migration à Pella à laquelle ils font plus ou moins directement référence. En d'autres termes, nous avons à éviter toute interprétation historicisante et nous demander si les documents en notre possession ne sont pas une justification *post eventum*. S'il en était ainsi, se poserait alors la question : *cui prodest*? ou, si l'on préfère : « Qui avait alors, et à quel moment, intérêt à valoriser une migration de la communauté primitive vers Pella ? » (Lüdemann 1980 : 132-133). Autre hypothèse de travail, n'y-a-t-il pas lieu de prendre ces témoins au sérieux, de leur faire crédit et de voir dans quelle mesure cette tradition correspond effectivement à un moment de l'histoire d'un des courants du christianisme originel.

Pour la commodité du lecteur, citons rapidement notre documentation.

Les sources explicites.

Chronologiquement, Eusèbe de Césarée est le premier à évoquer les faits présentement à l'étude. Or, il n'est pas sans intérêt de rappeler que parmi ses préoccupations lorsqu'il entreprend la rédaction de son *Histoire ecclésiastique* figure celle de « conserver le souvenir des malheurs arrivés à toute la nation des Juifs aussitôt après le complot contre notre Sauveur » (H.E.I. 1.2). S'il s'attache de façon préférentielle aux événements et aux personnages qui ont marqué les premiers siècles du courant chrétien, il ne manque jamais de les « mettre en perspective » par rapport à l'histoire de l'Empire et à l'histoire de la nation juive.

Or donc, selon Eusèbe qui résume la fin de Néron, la crise de 68 et l'histoire des premiers Flaviens au moment de la première révolte de 66-72, non contents de s'en être pris à Jésus, les Juifs s'acharnèrent contre ses disciples (H.E.3.5.1-2). Il poursuit :

> « De plus, le peuple de la communauté qui est à Jérusalem, par le truchement d'un oracle *kata tina chrèsmon* adressé aux notables du lieu, reçut [l'ordre] de quitter la ville avant la Guerre *pro tou polemou* et de s'établir dans une ville de Pérée, du nom de Pella. C'est là que s'établirent les croyants dans le Christ (venus) de Jérusalem. Ainsi les saints hommes délaissèrent-ils totalement la métropole royale des Juifs ainsi que l'ensemble de la Judée. La justice de Dieu poursuivit alors les Juifs qui avaient accompli de telles iniquités à l'encontre du Christ et de ses Apôtres. » (H.E. 3.5.3 ; cf. 3.7.1).

La critique moderne, souvent plus explicite, reste aujourd'hui encore divisée sur les sources ici mises en œuvre par Eusèbe : Hégésippe auquel il se réfère souvent, Ariston de Pella, Jules l'Africain, sans parler de ses propres sources d'informations qu'il ne nous précise pas autrement ? Faute de certitude et suite à une longue fréquentation d'Eusèbe à propos d'événements relatifs aux premiers siècles de l'histoire du christianisme, j'avoue être enclin une fois encore à lui accorder une confiance « critique » ! Ce n'est pas parce qu'il ne mentionne pas Hégésippe dans ce contexte qu'il ne s'en inspire pas. L'argument *e silentio* est rarement conclusif.

Près d'un siècle plus tard, avant 374, Épiphane natif des environs de Beit Gouvrin en Palestine rédige son *Panarion* ou *Réfutation de toutes les hérésies* (Bagatti 1972). Sa préoccupation essentielle recouvre l'une des intentions sous-jacentes à l'*Histoire ecclésiastique* d'Eusèbe (H.E.I.1.1 fin), retrouver les hérésiarques, retracer l'histoire des mouvements, souligner les filiations et les parentés d'idées. Ce n'est pas un historien du christianisme, pas même un historien de la pensée chrétienne ; c'est un pourfendeur d'hérésie, soucieux de taxonomie. Il n'est certes pas le premier, mais c'est ce qui structure son *Panarion*. Pour ce qui nous importe ici, il s'agit des notices relatives aux nazaréens et aux ébionites (Blanchetière 1993), ce qui le conduit incidemment à évoquer la migration à Pella par deux fois :

> Ces « nazaréens se rencontrent à Béroé aux confins de la Coele-Syrie, en Décapole autour de Pella et dans le Bashan au lieu dit Kokaba/Cochaba en hébreu. C'est de là qu'il [ce mouvement] a pris son essor après l'exode hors de Jérusalem quand tous les disciples vinrent vivre à Pella, parce que le Christ leur avait ordonné de quitter et de s'en aller, avant que ne commence le siège. Forts de cet avertissement, ils s'installèrent en Pérée, après s'y être rendus, ainsi que je l'ai précisé. C'est là que l'hérésie des nazaréens a pris son départ. » (Pan. 29.7.7-8).

> « Tous ceux qui croyaient au Christ vinrent vivre en Pérée dans une cité du nom de Pella de la Décapole dont parlent les Évangiles (Mt 4.25 ; Mc 5.20, 7.31) pour la situer aux confins de la Batanée et du Bashan. La prédication d'Ébion aurait alors commencé là, après qu'ils s'y soient déplacés et s'y soient installés ». (Pan. 30.2.7)

Ajoutons une dernière évocation:

> « Alors que la ville allait être prise par les Romains et dévastée, tous les disciples furent avertis par un ange de quitter la ville sur le point d'être entièrement détruite. Quand tous l'eurent quittée, ils s'établirent à Pella » (Mens. 15).

Le problème des sources d'Épiphane est tout aussi épineux et tout aussi controversé que la question des sources d'Eusèbe sans qu'une solution définitive puisse être envisageable. Toutefois, et comme le souligne Lüdemann, la démonstration effectuée par Lawlor à partir d'une comparaison minutieuse du vocabulaire permet de conclure à une très vraisemblable dépendance du premier par rapport au second.

Rappelons toutefois qu'Épiphane est un judéen de souche et qu'il revendique ici ou là des informations propres.

Peuvent être aussi versés au dossier deux témoins, il est vrai tardifs, en l'occurrence Alexandre de Chypre au début du Vᵉ siècle et Eutychius patriarche d'Alexandrie au Xᵉᵐᵉ siècle qui attestent, une fois encore indirectement, ce qui nous conduit à les prendre au sérieux, la migration à Pella :

> « Après la prise de la ville, les croyants revenus de nouveau à la Sainte Sion choisirent pour second évêque de Jérusalem Siméon fils de Cléophas [...] témoin oculaire, auditeur et cousin du Seigneur » (Alexandre de Chypre).

> « Lorsque les chrétiens/ *natzara* qui jadis s'étaient enfuis devant les Juifs, avaient traversé le Jourdain et s'étaient établis en ces lieux, apprirent que Titus avait détruit la ville sainte et qu'il avait tué les Juifs, ils retournèrent dans les ruines de la ville sainte et y habitèrent » (Eutychius, cf. Mimouni 1990 : 222-223 ; Stroumsa 1992 : 120-121).

Les allusions possibles

Au fil des études a encore été versé au dossier tout un ensemble de textes néo-testamentaires derrière lesquels les uns ou les autres, avec des argumentations plus ou moins convaincantes, perçoivent des allusions au siège de Jérusalem et au sort de sa population juive ou nazaréenne. À titre d'exemple, citons Renan (Renan 1873 : 264-300) ou J. J. Gunther (Gunther 1973).

L'Apocalypse synoptique (Mt 24.15-22 ; Mc 13.14-20 ; Lc 21.20-24, cf. 19.41-44) est reconnue comme telle par nombre de critiques, et tout spécialement dans sa version lucanienne (Gunther 1973 : 83-87) :

> « Quand donc verrez l'abomination de la désolation -Mt et Mc-
> dont a parlé le prophète Daniel -Mt-
> établie dans le Lieu Saint (Dn 9.27) -Mt-
> établie là où il ne faut pas -Mc-
> que celui qui lit comprenne ! -Mt, Mc-
> alors, ceux (qui seront) en Judée, qu'ils fuient dans les montagnes...-Mt, Mc- »
> « Mais quand vous verrez Jérusalem encerclée de campements, alors sachez qu'est proche sa désolation » -Lc-.

On peut trouver la raison des divergences mineures entre Matthieu et Marc dans le fait que, selon la tradition, le premier écrit pour des « hébreux » et le second pour des non-Juifs, il se montre donc moins explicite et au lieu de mentionner « le lieu saint », le Temple, il se contente du « là où il ne faut pas... ». En revanche, la rédaction lucanienne est à première lecture parfaitement claire pour tout le monde !

Or, dans un article récent consacré au problème de la composition du troisième Évangile, antérieure ou postérieure à 70, A. Méhat s'attache principalement à l'étude de Lc 21.21-24, 19.40-44 (Méhat 1992). Reprenant nombre d'arguments avancés, notre auteur s'oppose à la thèse du *vaticinium ex eventu*. À son avis, l'idée d'un possible siège de Jérusalem et d'une ruine du Temple était dans l'air, avec comme arrière-plan la prise de Jérusalem par Nabuchodonosor en 586, les événements de l'époque des Maccabées, ceux de 63 ou ceux de 37 av. n.è. En témoignent, Josèphe (Gu I 347-352), les écrits de Qumran... et la version lucanienne de l'Apocalypse synoptique dont la formulation reprend le vocabulaire prophétique en rapport avec la ruine du premier Temple. Il ne peut donc être question pour A. Méhat de lire chez Luc une référence à la ruine du second Temple.

Nombreux sont les auteurs qui, à la suite de Renan, ont lu une référence à la migration à Pella derrière le chapitre 12 de l'Apocalypse johannique non sans sombrer dans une historicisation outrancière des différents versets de cette page célèbre fortement marquée par le *Livre de Daniel*, prototype de toute lecture apocalyptique de l'Histoire (Renan 1873 : 264-300 ; Gunther 1973).

Outre ces quelques extraits des écrits canoniques, certains critiques ont voulu verser au dossier un bref passage de *l'Ascension d'Isaïe* qui évoque, à l'époque de la mort de Pierre sous Néron, les croyants « fuyant de désert en désert et attendant sa [celle du Messie] venue » (4.13). Cependant, l'allusion est si vague qu'il paraît bien hypothétique d'y lire une référence directe à la fuite vers Pella. Quand on est poursuivi quoi de plus sûr que le désert surtout lorsque l'on se trouve à Jérusalem.... Les exemples sont trop nombreux pour qu'il soit nécessaire d'insister. Qui plus est, à Jérusalem, d'où attend-t-on le Messie ? De l'Orient, donc du désert...

Depuis l'étude qu'en a donnée G. Strecker, on s'accorde généralement à reconnaître que la version des *Recognitions Pseudo-Clémentines* en notre possession, version remaniée d'une source plus ancienne, contient un écho de la tradition relative à une migration vers Pella. Cette littérature, il faut ne pas l'oublier, est le plus généralement rangée dans la catégorie des textes ébionites hétérodoxes, ce qui pourrait renforcer la thèse de Munck ou de Lüdemann.

> « La Sagesse divine rassembla les croyants en un lieu sûr du pays pour qu'ils fussent épargnés par la guerre, tandis que les infidèles (sous-entendu les Juifs) furent précipités à leur perte » (I 37).

> « Comme preuve de l'envoi du Prophète annoncé par Moïse, il arrivera que quiconque croira en Lui et sera baptisé en son Nom sera préservé de la destruction que la guerre fera peser sur le peuple infidèle et sur le Lieu ; les infidèles en revanche seront chassés de chez eux pour qu'ils reconnaissent bon gré mal gré la volonté de Dieu et s'y soumettent (I. 39).

La tradition de la migration à Pella : son contenu

Nantis de cette documentation, il semble que nous puissions parvenir à reconstituer un ensemble cohérent, ce qui ne veut pas encore pour l'instant dire historique, et répondre à une suite de questions fondamentales.

I. Pourquoi fuir ? Pour qui n'était pas un partisan résolu de la résistance à tout prix face au Romain, pour qui donc n'était pas zélote (Hengel 1961/1989 ; Brandon 1967) les motifs de fuir n'ont pas manqué, même s'ils ont pu se modifier au fil des années. Il suffit pour s'en convaincre de relire Josèphe, non sans faire montre d'esprit critique.

Dans un premier temps, on cherche à échapper au danger, à sauver sa fortune, à tout le moins sa peau. C'est la « panique » comme le dit Josèphe (Gu 2.538). On fuit « comme d'un navire sur le point de sombrer » (Ant 20.556), car on connaît la puissance romaine et le sort réservé par Vespasien à la Galilée : villages et campagnes détruits, populations réduites en esclavage, sort commun des *dediticii*. En bref, la politique de la terre brûlée. Pas de quartiers. Bientôt, on fuit la brutalité des partis qui s'entre-déchirent, surtout après la Pâque 68 ; enfin, les conditions tragiques de toute ville assiégée : famine, meurtres... Peutêtre, parmi les nazaréens, se souvient-on d'une parole du Maître, ce qu'Épiphane appelle « l'ordre du Christ » ? (Pan.29.7), conservée à sa manière par l'Apocalypse synoptique, quoique cela sente par trop sa justification *post eventum*. Eusèbe, il est vrai, parle d'un « oracle » adressé aux notables (HE 3.5.3) et Épiphane de l'intervention d'un ange (Mens. 15) ce qui n'est pas pour nous étonner, car nous connaissons l'un et l'autre phénomènes dans les écrits du Nouveau Testament (Act. 8.25 ; 9.10 ; 16.9 ; Mt 1.20 ; 28.2// ; Lc 1. 11 *sq.*, 26-38 ; 2.9, etc.), formulations littéraires pour exprimer l'idée que tout est dirigé par Dieu, thèse providentialiste à laquelle il n'y a donc pas lieu d'accorder un fondement historique en s'interrogeant gravement sur le contenu de l'« oracle » ou la teneur du message angélique.

II. Où fuir ? Bien entendu loin des combats, donc probablement vers le sud et l'Égypte, lieu d'asile traditionnel quand le péril vient du nord, ce que d'aucuns n'ont pas manqué de faire dont certains esséniens, ou vers l'est, au-delà du Jourdain vers les terres d'Agrippa, l'ami de Rome.

III. Pourquoi Pella ? Admirablement située du point de vue militaire aussi bien que commercial, à quelque 25 km au sud du lac de Tibériade et sur une sorte de terrasse surplombant le Ghor, au pied des monts de Galaad, Pella, l'actuelle Khirbet Fahil, a déjà connu une longue histoire (Schürer 1979 : 145-148) lorsque Pompée en fait l'une des composantes de la Décapole. À l'époque de la première révolte, elle compte au nombre des cités du royaume d'Agrippa II.

En présence de la somme des arguments *pro et contra* avancés, et compte tenu du fait que la mention de Pella ne peut être fortuite, la question essentielle semble être la suivante : l'installation à Pella a-t-elle été la conséquence d'un choix, ou bien a-t-elle été imposée ? Première hypothèse : un choix. Choix du ciel ou choix des hommes ? Ayant exclu à l'instant le « choix » du ciel et l'intervention divine, reste le choix des hommes. D'aucuns font valoir que Pella constituait un « lieu propice », si tant est qu'existent de tels lieux lorsque la guerre fait rage tout autour ! Qui plus est, si la communauté de Jérusalem est alors essentiellement composée d'hébréophones, comme le dit Eusèbe (H.E. 4.5.2), c'est-à-dire de fidèles observant les *mitzvot* (Blanchetière 1993) comment ont-ils pu délibérément choisir de s'installer dans une ville « grecque ». D'autres, comme Brandon, font valoir que Pella a été victime d'une expédition punitive de la part d'extrémistes juifs suite au massacre de 20 000 de leurs compatriotes à Césarée (Gu 2.458 ; 3.46-47, 55) et que dans ces conditions, elle ne pouvait servir de refuge. À quoi il est possible de répondre que les fouilles archéologiques n'ont pu jusqu'à présent nous renseigner sur l'étendue des dégâts causés par les assaillants, dégâts qui ont pu être moindres que Josèphe ou surtout certains de ses lecteurs veulent le donner à penser. Quoi qu'il en soit, comment les « Grecs » auraient-ils pu après cela accueillir des Juifs fuyant la tourmente ?

S'impose donc la conclusion : l'installation à Pella n'est pas le résultat d'un choix délibéré. Il a été imposé : les nazaréens ont été assignés à résidence ! Or, la lecture de Josèphe, nous prouve que la politique de Vespasien fut d'installer dans des centres déjà en son pouvoir les réfugiés qui ne cessaient d'affluer (Gu 4.444) et Titus beaucoup plus tard en 70 ne procédera pas autrement avec des membres du haut sacerdoce (Gu 6.113-115). Or, la Pérée et la Décapole sont entre les mains des Romains après l'expédition de Placidus en 68 (Gu 4.7. 3-8.1). Qui plus est, à la lumière des récits de Josèphe, G. Alon semble bien avoir démontré de façon convaincante que, ayant quitté Jérusalem, le célèbre Rabbi Yohanan ben Zakkai ne s'est pas installé volontairement à Yavné grâce à la magnanimité de Vespasien, ce que Josèphe n'aurait pas manqué de signaler, mais qu'il y a été envoyé en résidence surveillée dans un environnement « grec » qui ne lui était pas acquis (Alon 1977 ; Schaeffer 1979 ; Nodet 1993, *supra* p. 47). On comprend aisément que, dans un moment difficile et alors qu'il s'approchait de Jérusalem pour réduire définitivement le centre vital de la révolte juive, Vespasien ait tenu à s'assurer le contrôle des cadres, rabbis influents ou membres des familles sacerdotales, aussi bien que des individus fuyant la ville assiégée.

IV. Quand ? Les expressions empruntées à nos sources semblent parfaitement concordantes : *pro tou polemou* dit Eusèbe, ce que l'on peut commenter à l'aide des expressions d'Épiphane, si effectivement il emprunte à son illustre devancier : « avant que ne commence le siège » (Pan.29.7), « alors que la ville allait être prise par les Romains et sur le point d'être entièrement dévastée […] quitter la ville sur le point d'être entièrement détruite » (Mens. 15). À cela, on peut ajouter ce que dit Tacite racontant la fin de la révolte et la division des partis : « ainsi, la cité se partagea en deux factions, jusqu'à ce que, à l'approche des Romains, la guerre étrangère fit naître la concorde. » (Hist.5.12).

De telles expressions se comprennent difficilement si l'on place la migration en 66 au moment où, certes, Cestius Gallus se présente devant la ville, mais ne tarde pas à se retirer précipitamment (Gu 2. 19.7-9). Sans doute, certains parmi les plus aisés s'empressent de partir (Gu 2.19.7-9), mais rien n'indique un exil général, bien au contraire ; 70 paraît en revanche beaucoup trop tardif ; 68 semble donc la date la plus plausible au moment où, effectivement, Vespasien s'étant rendu maître du pays s'apprête à commencer le siège de Jérusalem qu'il va bientôt confier à son fils Titus.

Brandon objecte, et bien d'autres après lui, qu'il était impossible de quitter la ville et du fait des zélotes et du fait des Romains. Or, Josèphe nous prouve exactement le contraire : en 66 (Gu 2.538 et 556), dont 2 000 en une seule fois (4.353) ; tout au long de l'hiver 67/68 (Gu 4.377 sq. ; 397 ; 410) et jusqu'à la Pâque 68, alors que les zélotes permettent aux riches de s'enfuir moyennant contribution ! D'autres passages peuvent être invoqués : (Gu 5.420; 446-450), en juin 70 (Gu 5.551-552) et même en août 70 (Gu 6.113-115).

V. Qui part ? Là encore, nos sources semblent particulièrement explicites : « Les Saints délaissèrent totalement la métropole royale des Juifs et le pays de Juda » (H.E 5.3.3) ; « [...] quand tous les disciples vinrent vivre à Pella » (Pan. 29.7.8) ; « [...] tous les disciples [...] quand tous l'eurent quittée, ils s'établirent à Pella » (Mens 15).

Il faut, une fois encore, raison garder et ne pas se laisser abuser par des formules qui depuis les récits des *Actes des Apôtres* mettent l'accent avec insistance sur l'unanimité et la concorde régnant au sein de l'Église primitive. Comme dans tout groupe humain, il y eut des courants divergents qui s'affrontèrent (Cullmann 1967, 1972). Tous n'ont pas dû partager le même point de vue. Si la thèse de Brandon ne peut être acceptée en bloc, cela ne veut pas signifier qu'elle doive être totalement refusée. Il y a dû y avoir autour de Jésus et, dans la suite, des nazaréens proches des « nationalistes », pour qui la « restauration d'Israël » (Act.1.6, 3.21) ou l'attente du « Royaume » signifiaient quelque chose de très concret et non pas d'abord un rêve eschatologique !

Sont-ils partis tous, de façon concertée, en bon ordre ? Nos sources nous le donnent à entendre, mais, en l'occurrence, il faut peut-être relire Josèphe. S'il y a eu des départs en groupe, il semble bien que les fuites se soient généralement opérées en catimini et de façon désordonnée, selon les opportunités, à la barbe des zélotes et autres « jusqu'auboutistes », au fil des mois, sinon des années. Rien ne permet toutefois de penser qu'ils retrouvèrent à Pella des « Galiléens » ayant fui auparavant, comme l'imagine Brandon. C'est construire hypothèse sur hypothèse. Arrivés dans les lignes romaines et regroupés, les réfugiés sortis de l'enfer étaient emmenés sous bonne escorte vers des points de regroupement où ils étaient assignés à résidence, en l'occurrence Pella pour des nazaréens sans qu'il soit nécessaire d'imaginer qu'ils s'y sont tous retrouvés en même temps par une volonté expresse des Romains... Ainsi pourrait se comprendre et s'expliquer, semble-t-il, et le fait que des nazaréens fidèles observants des *mitzvot* se soient retrouvés en milieu « grec » et que des « Grecs » aient accepté des Juifs, même après le « raid » de 66.

« Ce qui donne une rare importance à cette chrétienté réfugiée, c'est qu'elle emmenait avec elle les restes de la famille de Jésus, entourés du plus profond respect et désignés par le nom de « *desposynoi*, les proches du Maître ». Comme tout ce qu'écrit Renan, c'est superbement formulé, même si cela est loin d'être vérifié ! (Renan 1873 : 300).

Réponse aux objections

Au fil de l'exposé, certaines des apories formulées par Brandon quant à l'impossibilité de sortir de Jérusalem assiégée et de trouver un refuge à Pella, ont déjà, semble-t-il, obtenu réponse. Reste la question de l'autorité dont aurait joui l'Église de Jérusalem avant 70 et dont on ne retrouve plus trace ensuite.

Il ne faut d'abord pas oublier que, une fois disparu dans les flammes le centre national-religieux qu'était le Temple, une fois aboli le culte sacrificiel et dispersés prêtres et lévites, mais aussi les rabbis, au milieu du désarroi le plus total d'une population saignée à blanc, pendant quelque temps Jérusalem perd sa centralité pour l'ensemble des Juifs palestiniens. C'est autour de maîtres prestigieux à Yavné, Bekhor Hail, Lod etc. qu'il va retrouver après un certain temps ses raisons de vivre, sinon d'espérer.

Pour les nazaréens, la perte de prestige et de centralité de l'Église de Jérusalem tient d'abord aux conséquences politiques, sociales et culturelles de la première et bientôt de la seconde révoltes contre Rome ;

elle résulte surtout de la multiplication des helléno-chrétiens ce qui re-
lativisait du même coup l'importance de l'« Église-mère », à preuve un
déplacement progressif du centre de gravité vers Antioche et bientôt
vers Rome... (Chadwick 1959 ; Pelikan 1980). En Occident, le
« paulinisme » l'a définitivement emporté après un affrontement entre
« ceux de Jacques », « ceux de Pierre », et, dirons-nous, « ceux de
Paul » dont les traces ne manquent pas (Gal 2.7-8 ; Rm 11.13 1Co
1.12, 3.4.23 ; Lüdemann 1983). Et il faudra attendre les décisions du
concile de Chalcédoine en 451 pour que le siège de Jérusalem soit
élevé au rang de Patriarcat, mais il ne sera que le cinquième et dernier
dans l'ordre de préséance. Il n'empêche que, dès la seconde moitié du
IIème siècle, avec Méliton épiscope de Sardes en Asie, s'ouvre la liste
des « pèlerins » de Jérusalem, un mouvement qui ne va cesser de s'accé-
lérer dès que Aelia Capitolina va devenir la « chrétienne » Jérusalem.

Enfin, l'autorité n'est pas celle d'un lieu. Elle est celle de personnes
et cette autorité tient à leur qualité de « témoin oculaire », de
« parents » du Maître, ainsi Jacques frère du Seigneur, puis Siméon bar
Clopas (H.E.3.11,19,20 ; 4.22.4 ; 3.32.5), ou de proches compagnons
comme Pierre et les douze ; il suffit pour s'en convaincre de constater
comment Paul argumente face à ses opposants pour prouver qu'il est à sa
manière témoin.

C'est donc avant tout pour des raisons de politique générale et des
motifs socio-culturels que Jérusalem a perdu sa prééminence, mais non
son prestige. Faut-il rappeler que le Talmud palestinien porte le nom
de Talmud de Jérusalem alors qu'il a été rédigé à une époque où les autorités rabbiniques palestiniennes résidaient en Galilée...

Les objections émises par Munck et surtout par Lüdemann tournent
en définitive autour des raisons ayant présidé à l'élaboration de ce
qu'ils appellent la « tradition-Pella » et surtout à sa survie. Qui avait
intérêt à créer cette « tradition » ? (Lüdemann 1980 : 172-173). Ce à
quoi on peut répondre : qui avait intérêt à conserver cette tradition ?

On concédera sans peine que le IIème siècle, sinon déjà le Ier ont vu
se multiplier les opinions différentes, sinon divergentes *gnomai diapho-
roi*. Comme l'écrivait O. Cullmann, « la première théologie chrétienne
a été une christologie », ce qui se comprend parfaitement du fait que
tant pour eux-mêmes que pour répondre à leurs objecteurs, les chrétiens
avaient besoin de réfléchir sur la personne de ce Maître dont ils se re-

vendiquaient, sur ses paroles et sur ses actes. Ainsi se constituèrent les
« mémoires » des Apôtres, nos Évangiles, mais aussi bien d'autres
écrits se réclamant d'un Apôtre. Ainsi se mirent pareillement en place
des coutumes cultuelles différentes prétendant à l'antiquité apostolique : qu'on se souvienne ici de la « querelle pascale ». N'oublions pas
davantage tout l'arrière-fond gnostique. C'est dans ce contexte qu'il faut
comprendre ce besoin de vérification et de codification point de départ aussi bien de la tradition hérésiologique que de la constitution du
canon néo-testamentaire. Ce serait, si l'on comprend bien Lüdemann,
dans ce contexte que les ébionites de Pella se seraient ingéniés à revendiquer un lien avec la communauté primitive de Jérusalem.

S'il faut accepter cette hypothèse, reste à s'interroger sur les raisons
ayant conduit Eusèbe à transmettre le souvenir de cette migration, lui
qui n'établit aucun lien entre Pella et l'ébionisme, à la différence
d'Épiphane.

Qui plus est, Lüdemann refuse systématiquement la possibilité d'un
retour de ceux qui étaient partis. Il est vrai que la liste épiscopale que
nous fournit Eusèbe n'est pas sans poser de multiples problèmes
(Gunther 1973 : 92-93), mais elle postule un lien de continuité entre la
communauté antérieure à 70 et la communauté des hébréophones postérieure à cette date et jusqu'en 135 ; il revient spécialement sur ce point
lorsqu'il traite de l'accession de Siméon bar Clopas à la direction de
cette communauté. Sur quelle base récuser sa position ? Si une partie,
disons une certaine majorité des nazaréens a quitté Jérusalem assiégée
et s'est retrouvée à Pella, rien ne s'oppose à ce qu'une partie de cette
même communauté nazaréenne ait décidé envers et contre tout de rega-
gner la Ville sainte après deux ou trois ans d'exil, ainsi que le disent
Alexandre de Chypre et Eutychius d'Alexandrie. Nous savons que
Jérusalem après 70 n'était pas que ruines et qu'elle n'est pas demeurée
inhabitée. L'Histoire nous a conservé le souvenir de multiples cas analogues : que l'on pense aux villes habitées après les bombardements et
les destructions de la dernière guerre.

Reste qu'on peut se poser légitimement la question du silence de nos
sources sur la migration vers Pella avant le IVème siècle. C'est que d'une
part Eusèbe est le premier à rédiger une histoire des origines et revendique hautement cette priorité : alors qu'il n'a trouvé chez ses devanciers
que « des récits partiels », lui se propose de composer un « récit histo-

rique », « un récit très complet » (H.E. I.1 3-5). De plus, ses devanciers, tels Hégésippe ou Ariston de Pella, ou Jules l'Africain ont sombré. Enfin, il faut se souvenir que dès Irénée, sinon Justin, les hérésiologues n'ignorent pas l'ébionisme, mais se montrent plus préoccupés de doctrine que d'histoire.

Conclusion

Au terme de cette enquête, il semble possible de reconstituer la séquence suivante : Peut-être dès 66, ou plus sûrement au cours de l'année 68, alors que commence le siège avec son cortège d'atrocités, ainsi que beaucoup d'autres, les nazaréens ont commencé de fuir la ville au risque de leur vie. S'étant livrés aux Romains, ils se sont retrouvés à un certain nombre dans la cité de Pella où ils ont pu reconstituer un semblant de communauté. Après la fin des combats, la forteresse de Massada n'a été réduite qu'en 72, et un certain retour à la sécurité, vers l'an 4 de Vespasien nous dit-on, certains ont regagné la Ville sainte et se sont pourvus de lieux de culte, peut-être l'un d'entre eux se trouvait-il sur le mont Sion. S'il faut en croire Épiphane, au sein de la communauté nazaréenne de Pella s'est produite une division par suite d'interprétations divergentes relatives à la naissance de Jésus. Ainsi, à une date qu'il nous est impossible de préciser mais qui semble postérieure à ce retour, à côté de la communauté nazaréenne de Pella se serait constitué le courant ébionite, peut-être sous l'influence d'un certain Ébion. Ce courant aurait alors connu une expansion assez rapide en Transjordane et l'on retrouverait l'écho de ses idées dans certains écrits, dont une partie de la littérature pseudo-clémentine. On comprend que dans ces conditions, et la communauté nazaréenne et la communauté ébionite en Transjordane aient pu à bon droit revendiquer une origine hiérosolomitaine.

Université Strasbourg II/CNRS Jérusalem,
Université hébraïque de Jérusalem

Cette contribution a été réalisée sur la base de l'intervention de R. A. Pritz au séminaire, à partir de ses propres travaux cités dans la bibliographie et des différentes interventions des membres du séminaire.

BIBLIOGRAPHIE

ALON G., 1977, « Rabban Johannan ben Zakkai's Removal to Jabneh », *Zion,* 3 : 183-215 ; trad. angl. in *Jews, Judaism and the Classical World,* Jerusalem, 1977 : 269-313.

BAGATTI B., 1972, « Il Cristianismo at Eleuteropolis (Beit Gebrin) », *Liber annuus,* 22 : 109-129.

BLANCHETIÈRE F., 1993, « La "Secte des nazaréens" ou les débuts du christianisme », *supra* dans ce même volume.

BRANDON S. G. F., 1947-48, « The Crisis of A. D. 70 », *The Hibbert Journal,* 46 : 221-228.

—— 1951, *The Fall of Jerusalem and the Christian Church,* London.

—— 1967, *Jesus and the Zealots,* New York.

—— 1971-72, « Jesus and the Zealots : Aftermath », *Bull. of the J. Rylands Library,* 54 : 47-66.

CHADWICK H., 1959, « The Circle and the Ellipse : Rival Concepts of Authority in the Early Church » Inaugural Lecture, Univ. of Oxford, repris dans *History and Thought of the Early Church,* Variorum Reprint, London, 1982.

CULLMANN O., 1967, « La diversité des types de christianisme dans l'Église primitive », *SMSR,* 38 : 175-184.

—— 1972, « Courants multiples dans la communauté primitive, à propos du martyre de Jacques fils de Zébédée », *R.S.R.,* 80 : 55-68.

DODD C. H., 1947, « The Fall of Jerusalem and the "Abomination of Desolation" », *Journal of Roman Studies,* 37 : 47-54.

GUNTHER J. J., 1973, « The Fate of the Jerusalem Church. The Flight to Pella », *Theologische Zeitschrift,* 29 : 81-94.

HENGEL M., 1989, *The Zealots : Investigations into the Jewish Freedom Movement in the Period from Herode I until A. D. 70,* Edinburg (cf. compte rendu de D. Schwartz in *Israel Exploration Journal,* 41, 1991 : 219-220).

KATZ S. T., 1984, « Issues in the separation of judaism and christianity after 70 C. E. : A reconsideration », *JBL,* 103 : 43-76.

KOESTER C., 1989, « The Origin and Signification of the Flight to Pella Tradition », *CBQ,* 51 : 90-106.

KLIJN A. F. J. & REININK G. J., 1973, *Patristic Evidence for Jewish-Christian Sects,* Leiden.

LÜDEMANN G., 1980, « The Successors of Pre-70 Jerusalem Christianity : A Critical Evaluation of the Pella-Tradition », *in* SANDERS E. P., *Jewish and Christian Self Definition,* vol. 1 : The Shaping of Christianity in the Second and Third Century, London, 1980 ; repris dans LÜDEMANN, 1989 : 200-213.

—— 1989, *Antipaulinismus im Fruhen Christentum,* Gottingen, 1983 ; Engl. Trans. *Opposition to Paul in Jewish Christianity,* Minneapolis.

MÉHAT A., 1992, « Les écrits de Luc et les événements de 70. Problème de datation », *Revue de l'Histoire des Religions,* CCIX, fasc.2 : 149-180.

MIMOUNI S. C., 1990, « La Synagogue "judéo-chrétienne" de Jérusalem au Mont Sion, Texte et contexte », *Proche-Orient Chrétien,* 40 : 215-234.

MUNCK J., 1959-60, « Jewish-Christianity in Post-Apostolic Times », *New Testament Studies,* 6 : 103-116.

PELIKAN J., 1980, « The Two Sees of Peter » in *Jewish and Christian Self-Definition,* vol. 1: The Shaping of Christianity in the Second and Third Centuries, SANDERS E. P., ed., London : 57-73.

PRITZ R. A., 1977, « The Flight of the Jerusalem Church to Pella of the Decapolis », Mémoire de maîtrise préparé sous la direction du professeur D. Flusser, Université hébraïque de Jérusalem (*pro manuscripto*).

—— 1981, « On Brandon's Rejection of the Pella Tradition », *Immanuel,* 31 : 39-43.

—— 1988, *Nazarene Jewish Christianity. From the End of the New Testament Period Until its Disappearance in the Fourth Century,* Jerusalem/Leiden.

RENAN E., 1873, *L'Antéchrist,* Paris.

SCHÄFER P., 1979, « Die Flucht Johanan ben Zakkais aus Jerusalem und die Grundung des "Lehrhauses" in Jabne », *A.N.R.W.* II 19.2 : 43-101.

SCHÜRER E., 1979, *The History of the Jewish People in the Age of Jesus Christ (175 B.C. A.D.135),* Engl. Trans. G. VERMES, F. MILLAR & M. BLACK, eds., vol. 2, Edinburg.

SIMON M., 1972, « La migration à Pella - Légende ou réalité ? », *Recherches de Science Religieuse,* 60 : 37-54 ; et in *Scripta Varia,* 1981 : 477-494.

SOWERS S., 1970, « The Circumstances and Recollection of the Pella Flight », *Theologische Zeitschrift,* 26 : 305-320.

STRECKER G., 1958, *Das Judenchristentum in den Pseudoklementinen,* Berlin : 229-231.

—— 1971, « On the Problem of Jewish Christianity », Appendix I to W. BAUER, *Orthodoxy and Heresy in Earliest Christianity,* London : 241-285.

THOMAS J., 1935, *Le mouvement baptiste en Palestine et en Syrie (150 av. J-C. - 300 ap. J.-C.)*, Gembloux.

VERHEYDEN J., 1980, « The Flight of the Christians to Pella », *Eph. Theol. Lov.*, 66 : 368-384.

O. IRSAI

NARCISSUS OF JERUSALEM AND HIS ROLE IN THE ENHANCEMENT OF THE APOSTOLIC IMAGE OF THE CHURCH OF JERUSALEM

The Church of Aelia Between Marcus and Narcissus
(ca 135-190 C.E.)

THESE YEARS in the history of the so-called « Church of the Gentiles » are in part wrapped in mist. Our knowledge about the Church of Aelia is not greater than what we know about the town in that same period. We possess nothing of significance apart from the information about the visits of pilgrims like Melito of Sardis or of traveller-inquirers like Hegesippus who apparently visited this Church in order to delve into its past. To this we should add also a list of local bishops with less than scanty knowledge of their persons. All in all even the chronology of the list of this Church is not the result of a consensus in the view of its contemporary informants nor in the eyes of the modern research-scholars[1]. Such a context of uncertain knowledge stands in contrast with what we know from that period of the events that took

---

1. The lists appear in Eusebius' Chronicon (ed. R. HELM, GCS 47, Berlin 1956 : 203-204, 208-209) ; Historia Ecclesiastica (hereafter, HE), V, 12, 2 (ed. E. SCHWARTZ, GCS 9/1-2, Leipzig 1903-1908) : 454 (hereafter Schwartz and page number); Epiphanius Panarion, LXVI, 20 (ed. K. HOLL & L. DUMMER, GCS 37, Berlin 1985², p. 54) and parallels indicated in Helm's notes on the Chronicon : 419-420, 424. Concerning modern studies of the list see recently, F. Manns' notes, « La liste des premiers Évêques de Jérusalem » : 132-133 (this volume).

place in other Christian centers in Asia Minor, in Rome, in Alexandria and rather surprisingly in Edessa which was just a budding new Christian center.[2] The emergence of a new Church and local institutions in Jerusalem with no integral connection with the past, created a rift in its historic tradition and more so a severance with its source of authority, the « apostolic tradition ». It seems paradoxical that just at the time when the Church of Jerusalem became a Church of the Gentiles like the other churches, casting off much of what belonged to its past, it had brought about the loss of its historic status as the « Mother of Churches », her being the « epicenter » of that mythical « circle » described by Chadwick,[3] which acted for the unification of the Church from its inception.

The need for a change in its local self image arose, therefore, in the course of those years, though its cause was not the emergence of the pilgrimage to Palestine as Turner[4] and others had thought it to be. It seems that the change was not brought about by local-internal needs, but by external challenges against the authority and status of that Church.

Two consecutive phenomena emerging from Eusebius' description in his « History » propose a clue. Both were connected with the historical status of Jerusalem and its apostolic heritage and with its place within the eschatological scheme. These touched upon the very historic-ecclesiastic status of the Jerusalem Church. The surfacing of the challenge against the centrality of Jerusalem in the historic and eschatological context occurred during the 170s in Asia Minor within the heretical movement founded by Montanus and his circle of prophetesses[5] and in

---

2. I am referring here only to the two youngest centers of Christendom in the East, namely, Egypt and Edessa. See the recent survey by C. Wilfred GRIGGS, *Early Egyptian Christianity from its Origins to 451 C.E.*, Leiden 1990 :13-45. On Edessa, L.W. BARNARD, « The Origins and Emergence of the Church in Edessa During the First Two Centuries A.D. », *VigChr* 22 (1968) : 50-70.

3. H. CHADWICK, « The Circle and the Ellipse : Rival Concepts of Authority in the Early Church », Inaugural Lecture, Univ. of Oxford 1959 : 6-7 (=idem, *History and Thought of the Early Church*, Variorum rep. London 1982, art. 1). Chadwick's theory was lately compared to W. BAUER's theory expressed in his famous study, *Rechtaglaubigekeit und Ketzerei im altesten Christentum*, Tübingen 1934, and reassessed by R. D. WILLIAMS, « Does it Make Sense to Speak of Pre-Nicene Orthodoxy ? » in idem (ed.), *The Making of Orthodoxy : Essays in Honour of Henry Chadwick*, Cambridge 1989 : 1-23.

4. C. H. TURNER, « The Early Episcopal Lists », *JTS* o.s. 1 (1900) : 549-553.

5. Of the vast body of research on this heretical movement I'll refer only to a few recent studies, T. D. BARNES, « The Chronology of Montanism », *JTS* 21 (1970) : 403-

its final stages, in the l90s in the attempts of Victor, the Bishop of Rome to impose forcefully upon the Christian world a uniformity of ritual in the name of the apostolic-historic preferred class to which the Church of Rome belonged.[6]

The Montanist Movement and Jerusalem

This charismatic and heretic prophetic movement, which broke upon the world in an explosion like ecstacy in Phrigia, in Asia Minor in the early 170s, spread rapidly to Rome and to North Africa and managed to survive till the 4th century, in spite of the onslaught of the Church against it. In the view of its opponents in Rome there was in its popular, prophetic manifesto a real threat against the tradition of the apostolic heritage which had begun to crystalize into hierarchic-institutional formats. Among the pivotal components in its early prophetic tennets were the ascetic nomism and later on intense messianism.

Epiphanius reported that the prophetess Maximilla declared that after her there won't follow any other prophet but the « end of days »,[7] probably utilizing the « signs of the end of the world » such as plagues, natural disasters which hit Asia Minor in the course of the 160s.[8] Though in principle the montanistic « prophecy » did not deviate substantially from the accepted framework of the Christian-messianic idea as propagated by Justin Martyr and Irenaeus of Lyons on the future

---

408 ; F. BLANCHETIÈRE, « Le Montanisme originel », ReSR 25 (1978) : 118-134 ; Dennis E. GROH, « Utterance and Exegesis : Biblical Interpretation in the Montanist Crisis », in idem and R. JEWELL (eds.), The Living Text : Essays in Honor of E.W. Sanders, Lanham MD 1985 : 73-95; Ronald E. HEINE, « The Role of the Gospel of John in the Montanist Controversy », SecCenr 6 (1987/8) : 1-19; W. H. C. FREND, « Montanism : A Movement of Prophecy and Regional Identity in the Early Church », BJRL 70 (1988) : 25-34 ; D. H. WILLIAMS, « The Origins of the Montanist Movement : A Sociological Analysis », Religion 19 (1989) : 331-351. On the novelty and appeal of the Montanist ideas see, R. L. FOX, Pagans and Christians, London 1986 : 404-407.

6. The documents and traditions on this controversy can be traced in EUSEBIUS, HE, V, 23-25 (ed. E. SCHWARTZ : 488- 498).

7. Panarion, XLVIII, 2, 1 (ed. K. HOLL & J. DUMMER, GCS 31, Berlin 1980² : 221) ; compare EUSEBIUS, HE V, 16, 18 (ed. SCHWARTZ : 466-468) (indirect speech), see the short note by P. de LABRIOLLE, La Crise Montaniste, Paris 1913 : 68f.

8. T. D. BARNES, Tertullian - A Historical and Literary Study, Oxford 1971 : 130-131.

kingdom of the millenium, the novelty was in its immediacy of projected fulfillment.[9]

Using apocalyptic ideas originating from the Apocalypse of John was then assigned to the Montanistic prophetess Priscilla, a declaration, which removed the future eschatologic scene from Jerusalem and placed it in the small Phrygian town of Pepuza upon which the « celestial Jerusalem »[10] will descend. There lay, in this concept, that developed probably in the second generation of the sect, an apparent challenge to the hegemony of Jerusalem as being the challenge posed by the focal point of the future eschatological scene. With all the Montanistic chiliasm, there appeared to be a more serious threat to the contemporary status of Christian Jerusalem from the new ascetic-prophetic society whose members wanted to set up a center there towards the end of the 2nd century. The Christians of Jerusalem did not have to fear « the celestial Jerusalem » but rather the establishment of the « terrestrial Jerusalem » presenting a substitute to the historic Jerusalem. In the 90s of the 2nd century Apolonius, one of the strongest opponents of the sect uttered the following about « the New Jerusalem » in Pepuza :

> It was he [Montanus]... who assigned the appellation Jerusalem to two small towns, Pepuza and Tymion in Phrigia and wished to hold assemblies there from everywhere, who appointed collectors of money who organized the receiving of gifts under the name of offerings, who provided salaries for those who preached his doctrine in order that its teaching might prevail through gluttony.[11]

There need not be any doubt about the authenticity and verity of this testimony. We may notice here Jerome's description of the institutions of the sect which included all the usual hierarchic components adding a new class, that of the « Fellow » (κοινωνός).[12] It is obvious,

---

9. D. Powell, « Tertullianist and Cataphrygians », *VigChr* 29 (1975), p. 44, and more recently, D. H. Williams, *op. cit.* (note 5) : 333 ff.

10. Epiphanius, *Panarion*, XLIX, 1, 3 (*supra*, notes 1 & 7 : 242) ; R. A. Lipsius and others have excluded this utterance from the body of authentic sayings of the Montanists, *Zur Quellenkritik des Epiphanios*, Wien 1865 : 225, but against this see de Labriolle's note *op. cit.* (note 7) : 86-95 (emphasising its Jewish-Christian roots).

11. Eusebius *HE*, V, 18, 2 (ed. Schwartz : 472).

12. Jérôme, *Epist.* 41, 3 (ed. I. Hilberg, *CSEL* 54, Lipsiae 1910 : 311-312) ; cf. de Labriolle, *op. cit.* (note 7) : 435-507, and one would indeed add to that hierarchy the

that here there was a renewed effort to revive the times of the Apostolic Age in Jerusalem, historic symbols of communion and authority and in a way to translate it into the conditions of the new experience.[13] This was the act which represents the real challenge to the historic exclusive hegemony of Jerusalem. This and the transfer of the eschatological happenings to Pepuza, the terrestrial copy of the celestial Jerusalem had threatened to seal the fate of the historic Jerusalem.

Victor the Bishop of Rome and the Paschal Controversy — The Struggle for the Apostolic Hegemony

As if the threat represented by the fast-spreading Montanist movement from Asia Minor to Rome and to North Africa and some of its offshoots into Phoenicia and even into Palestine[14] had not been enough serious, there emerged, in the early 190s, another factor, that posed a challenge to the apostolic status of the Church of Jerusalem. At that time Victor, the Bishop of Rome proposed to impose a unified ritual on the Church by fixing a single date for the celebration of the Christian Pascha ; namely, the first Sunday following the 14th of the month of Nissan. His main concern was the custom practised by many, small, Asia Minor communities and elsewhere, celebrating the Pascha in conjunction with the Jewish Passover on the 14th of Nissan, a custom which had theological bases and a compulsory adherence to the Jewish Calendar.[15] The followers of this custom were labelled as « Quartodecimans » and we can include in this group the Jewish-Christians whose customs very much overlapped the Jewish ritual.

Moreover, in the absence of other local traditions in Jerusalem it may be assumed, against what Le Quien had already stated long ago,[16] that at least in the initial period the Gentile-Christians of Jerusalem

prophetesses, resembling no doubt the daughters of Philip, mentioned in Acts 21,9. On the and their communal functions within the Montanist society, consult A. STROBEL, *Das heilige Land der Montanisten*, Berlin 1980 : 267-274.

13. D. WILLIAMS, *op. cit.*, (note 5) : 343-344.

14. ORIGEN, *Contra Celsum*, VII, 9 (translated with Introduction and Notes by H. CHADWICK, Cambridge 1980² : 402).

15. EUSEBIUS *HE*, V, 24, 1-10 (ed. SCHWARTZ : 490-494). Polycartes of Ephesus *versus* Victor of Rome.

16. *Oriens Christianus*, III, Paris 1740, col. 150.

behaved in line with the local custom and celebrated the Pascha on the 14th of Nissan like the Jews did. At the bottom of Victor's demand for uniformity of the liturgy in the Church lay the fervent wish to create a world-wide Church-hierarchy — leading forcibly all the Churches to accept the customs and decisions of the « Mother of the apostolic Churches », i.e. the Church of Rome.

This demand fitted in with a new theo-political view that considered the total substance of the Church as a world-encompassing entity. While, up to that time, the Christian community was taken to represent a microcosmos of the body of Jesus and the Bishop, standing at its head, was assigned a super-status and the unity between the different communities was built on the foundations of cooperation and brotherhood,[17] from then on there was an attempt to impose the image of head and limbs on a super-community framework. Apparently this was Victor of Rome's first attempt to apply this imagery to practical formats. In the balance were not only the yoke of Rome but also the specific value of the « apostolic tradition » that differred within each community, including that of Jerusalem and which from then on were compelled to accept the authority of the apostolic church founded by Peter. The far-reaching consequence of such a submission to the yoke, and to the dictates that were bound to follow was obvious ; namely, a decline in the importance of each and every local « apostolic see» and of the spiritual independence attached to it. Irenaeus, Bishop of Lyons also a native of Asia Minor, realized the possible consequences, and though conceding the primacy of Rome he firmly insisted on the preservation of the independence and validity of such local apostolic traditions like those of the « Quartodecimans ».[18]

In the light of the above, it seems that the attempt of the Gentile Church in Jerusalem to disavow its past could have led to the undermining of its historio-apostolic image.

---

17. On the office of the bishop and the honour due to him see for instance IGNATIUS' epistle to the Smyrnaeans VIII, IX. See now H. CHADWICK, « The Role of the Christian Bishop in Ancient Society », in : E. C. HOBBS and W. WUELLNER (eds.), *Protocol of the 35th Colloquy at the Center for Hermeneutical Studies*, Berkeley 1980 : 1.

18. Apud Eusebius, *HE*, V, 24, 11-18 (ed. SCHWARTZ : 494-498).

The turn of the tide and the fortifying of the status of the Jerusalem Church at the turn of the second century is tied totally to the figure and deeds of Narcissus, the Bishop of Jerusalem from about 180 C.E.

Narcissus, the Bishop of Jerusalem — Charisma and Assertiveness

Eusebius's description of Narcissus' life ended a long period of historiographic silence, though this is not the only novelty. We have already stated elsewhere that the best portrayed periods in Eusebius' History did not amount to a detailed and thorough description but concentrated on the lives of its most illustrious figures.

Unlike his forerunners, Plutarch and Suetonius, whose historiographic works represent the genre of biography based on firm and solid historical knowledge, Eusebius offers biographic sketches which are mostly based on hagiography. One prominent example is the Heggesipianic biography of James « the brother of Jesus ».[19] A comment on Eusebius' method is therefore appropriate here. Eusebius as well as his hagiographic sources produced their works before the emergence of the widely used literary genre known as « The Lives of the Saints ». In the view of the famous Bollandist H. Delehaye this genre assumed its role after the historic biographies and set itself the task foremost to spread the fame of the saint and to educate in his ways.[20] This was achieved mainly by recounting the stories of wonders connected with the figure of the saint and the educational aspects were derived from the saint's experiences during his ascetic existence in the wilderness and in isolation, which he taught on his return to the

19. EUSEBIUS, *HE*, II, 23, 4-18 (ed. SCHWARTZ : 164-172). The hagiographic nature of this legendary biography is apparent, and its sources are to be found in Jewish and Jewish-Christian traditions. Cf. W. PRATSCHER, *Der Herrenbruder Jakobus und die Jakobustradition* (=Forschungen zur Religion und Literatur des Alten und Neuen Testament, Heft 139), Gottingen 1987 : 110 ff. and see further my discussion on the hagiographic image of James and its possible sources, *Historical Aspects of the christian-Jewish Polemic Concerning the Church of Jerusalem in the Fourth Century* (unpublished Doctoral Dissertation), Hebrew University, Jerusalem 1993 : 8-12 (in Hebrew).

20. See his *The Legends of the Saints* (translated from the French by V. M. CRAWFORD), London 1961[2] : 67-68 ; and recently in the most inspiring study by the late A. GODDARD ELLIOTT, *Roads to Paradise - Reading the Lives of the Early Saints*, Hanover and London 1987 : 1-15.

community. These two traits are observable already in the works composed in the fourth century like « The Life of Antonius » by Athanasius of Alexandria and Jerome's « The Lives of Malchus and Hilarion ».

In contrast « The Life of Cyprianus », for instance, from the middle of the third century by the Deacon Pontius and the fragments of the biography of James by Hegesippus were the products of the « Age of Martyrdom » in the Church and aimed only to describe the moment of the saint's death, i.e. his martyrdom as an exemplary ideal.[21] These stories, therefore, belonged to the earlier genre that dominated the literary scene until the fourth century. The Jerusalem biographies of Eusebius are mostly of this type. In the case of Narcissus of Jerusalem, however, Eusebius seems to have deviated from this trend. He took a collection of hagiographic stories that sprung from local oral traditions, drew from them a string of anecdotes and used these as valid historio-biographies. The components of this string had many characteristics of the mature later genre of Saint-stories but Eusebius disregarded their religio-moral and educational tendencies and used them more for direct historiographic aims. The real importance of this biography of Narcissus clad in the hagiographic dress is in creating a new image of the Jerusalem Church at the beginning of the third century by making use of its symbolic content and importance in the eyes of its disseminators.

The Ecclesiasto-Political Profile of Narcissus of Jerusalem

Narcissus served two periods of ministry in his church with a gap of about ten years between them.[22] The first period lasted from his appointment in the mid-180s up to the end of the century. The second period, a joint ministry with his heir Alexander began towards the end of the first decade of the third century and lasted a few years.

---

21. On the ideal of Martyrology as it manifests itself in the stories of the martyrs, see Fox's description, *op. cit.* (note 5) : 435-441.

22. The chronology of Narcissus' two periods of ministry is uncertain due to chronological discrepancies between the « Bishop Lists » in EUSEBIUS' *Chronicon* and EPIPHANIUS' *Panarion* (*supra* note 1).

In two matters has Narcissus left his mark on the Jerusalem Church and on Palestinian-Christianity. According to Eusebius' description the first apparent act of Narcissus was directly connected with the threat against the status of the « Apostolic Churches » from the direction of the Church of Rome. The threat represented by Victor the Bishop of Rome to excommunicate all seceding churches whose liturgic ritual did not fall in line (cf. the date of the Paschal Feast) with that of the Church of Rome aroused resistance. Everywhere, including Palestine, regional church conferences were organized, for the first time in ecclesiastic history, at which « the local apostolic tradition » was discussed in great detail.[23] One (or some say two)[24] such council was summoned by Narcissus of Jerusalem and by Theophilus of Caesarea, the Metropolitan Bishop of Palestine. Up to this point the facts are established but from then on we entertain doubts. Eusebius' version of the decisions made by the Palestinian Church on the Paschal date arouses amazement in particular the Jerusalem Church's stand on this matter. Eusebius apparently came upon the copy of a letter in the archives of Jerusalem or Caesarea containing the decisions of the council which was sent to Rome by the participants, and he gave what seems to be two different versions of it. At first, wanting to present the general picture of the traditionally accepted custom in the churches of Asia Minor, he declared that the customs of the other churches, including the Palestinian Church, were different and their consensus was to celebrate Easter only on the first Sunday (Easter-Sunday). He quoted as a testimony all the counsels on this subject including those in Palestine under the tutelage of Theophilus and Narcissus. However, after he had surveyed the deeds and demands of Victor, the Bishop of Rome and the vehement opposition of Irenaeus of Lyons, Eusebius reverts to that council (or perhaps a second one) where the participants (among them also Cassius, the Bishop of Tyre and the Bishop of Acre) dealt seriously with the Paschal custom in their communities in the spirit of the Apostolic Tradition and then quotes the closing lines of the epistle :

23. EUSEBIUS, *HE*, V, 23, 3, 25 (ed. SCHWARTZ : 488, 496).
24. So it may seem from Eusebius' description. On that consult J. A. FISCHER, « Die Synoden im Osterfeststreit des 2 Jahrhunderts », *AHC* 8 (1976) : 24, n. 55.

Try to send copies of our letter to every diocese that we may not be guilty towards those who easily deceive their own souls (ref. to the Quartodecimans). And we make it plain to you that in Alexandria also they celebrate the same day as do we, for letters have been exchanged between them and us, so that we observe that holy day together and in agreement. [25]

This conclusion is, to say the least, unclear. Not only does Eusebius surprise us with the revelation of the existence of the specific Paschal celebration in Alexandria without giving any additional details about it but also tells us about its close connection with the custom in the Palestinian Church, again without adding the least comment. Was then Eusebius refering in both places to the same council or the same decision ? I'm inclined to accept the latter but a reasoning for the discrepancy is in order. I believe that the answer lies in the way Eusebius presented the whole affair. Eusebius did not intend just to present the past in church history, rather he was motivated by his personal notions on the issue that was still being debated in his own days.[26] This question of the Paschal date and its relation to the Jewish Calendar continued to worry the heads of the Church in his own time and in the coming generations.[27]

At the Nicaean Synod, for instance, Constantine wanted to turn this question into a touch-stone of « Ecclesiastical Unity ».[28] In the wake of this Synod, Eusebius proposed to write a pamphlet that would explain the meaning of the Feast and the significance of its date. He completed it around 335.[29] Our view therefore is that Eusebius may have been dea-

25. *Ibid.*, V, 25 (ed. Schwartz : 496).

26. This view differs from N. Zernov's namely that Eusebius' attitude to the Paschal Controversy was determined by his support of Constantine's policy of uniformity. See « Eusebius and the Paschal Controversy », *ChQ* 116 (1933) : 24-41, followed by others, justly refuted by the Abbot of Downside, « Eusebius and St. Victor », *The Downside Review* 69 (1951) : 393-410, on the grounds that Eusebius' account on this controversy antedated his alliance with Constantine.

27. A short survey of the later stages of this controversy is included in A. T. Kraable's paper, « Synagoga Caeca : Systematic Distortion in Gentile Interpretations of Evidence for Judaism in the Early Christian Period », *"To See Ourselves as Others See Us" - Christians Jews Others in Late Antiquity,* ed. by J. Neusner and E. S. Frerichs, Chico 1985 : 232-241.

28. Eusebius, *Vita Constantini*, III, 18-19 (ed. F. Winkelmann, *GCS* 7, Berlin 1975[2] : 90-92).

29 Eusebius, *De Solemnitate Paschali,* fragments preserved by Nicetas of Heraclea (PG 24, cols. 693-706). See further Constantine's Letter to Eusebius praising his Discourse concer-

ling with this problem on two levels. The one where he explained matters openly and clearly. On the other, he wished to leave matters ambivalent and hidden. Eusebius, who was a determined anti-Quartodecimanian thought, that Rome was in the right concerning its custom and consequently wanted to show that the custom held by some of the Asia Minor Churches was the wrong one, but he also held with Irenaeus the opinion that Rome was not right in trying to enforce ecumenic uniformity in liturgical matters. This is the context in which he proposed to exhibit the Palestinian rite which did not accord with the Roman custom, a reality he wanted to conceal. The real facts are hinted at, in what is pointed out in the Palestinian epistle, as the link between Alexandria and Palestine (i.e. Jerusalem). The basis for this relationship was not just merely academic. The apostolic heritage characterized them both, and the particular historic processes shaping these churches in the second century were also identical.[30] The Church of Alexandria was founded during the first century as a Judeo-Christian Church which drew its inspiration from the Church of Jerusalem. The existence of a conspicuous and organized Jewish entity within the local population of Alexandria ensured the Church's continuous Jewish leanings. The eclipse of the Jewish community in Egypt being the result of the revolt in 115-117 C.E. heralded also changes within the Christian community i.e. the rise of the Gentile elements. During the years following the reign of the Emperor Hadrian till the end of the century the power of the Gentiles increased and with it the influence of the Church of Rome, though the Judeo-Christian influence was still discernible. The demands of the Roman Church for liturgical uniformity did not entirely sever the strong ties between the two local Churches (i.e. Jerusalem and Alexandria) which most probably continued to cling on to their Judeo-Christian Apostolic Tradition (the Quarto-

---

ning Easter, *Vita Constantini*, IV, 35 (*supra* note 27 : 133). On the date of this letter (the fall of 335) see now H. A. DRAKE, *ClPh* 83 (1988) : 30.

30. I am following here C. H. ROBERTS' conclusions in his *Manuscript, Society and Belief in Early Christian Egypt* (=The Schweich Lectures of the British Academy, 1977), Oxford 1979 : 41 ff. It should be pointed out that Roberts stresses the existence of a strong Jewish trait in Egyptian Christianity well after the first quarter of the second century. A different view of the Paschal controversy which does not fully accord with Eusebius' account but nevertheless offers some new insights was proposed by V. TWOMEY, *Apostolikos Thronos : The Primacy of Rome as Reflected in the Church History of Eusebius and the Historico-Apologetic Writings of Saint Athanasius the Great*, Munster 1982 : 90-109.

deciman) that was common to both. This is one possible way of reading Eusebius' account. Its main proof lies in a somewhat neglected fragment of Irenaeus' letter to the Alexandrians admonishing them for not keeping Easter Sunday.[31] But another possibility presents itself, namely, that the link between the two sees brought about after deliberation on the « roots of the local apostolic heritage », an agreement to observe the Easter Sunday, after all.[32] This still entailed a close link with the Jewish calendar. At that period according to Huber[33] and others, Rome had already distanced further its calendar

---

31. See the fragment of the letter appended to IRENAEUS of Lyon's, *Adversus Haereses* (ed. W.W. HARVEY, Cambridge 1857, Vol. II : 456. See now R. M. GRANT's note *JTS* 39 (1988) : 600.

32. The view propagated here is contrary to the widely held opinion forcefully stated by M. RICHARD (« La question pascale au IIe siecle », *L'Orient Syrien* 6 (1961) : 184-187). RICHARD followed LE QUIEN's and K. HOLL's view that the Easter Sunday was introduced by the first gentile bishops of the Jerusalem Church after the Bar-Kokhba war ended (and which brought about the end of the Jewish-Christian community there), basing his argument on EPIPHANIUS' testimony on the course of the Paschal Controversy (*Panarion*, LXX, 9-10 [ed. K. HOLL & J. DUMMER, *op. cit.* note 1 : 241-244]). EPIPHANIUS' testimony stressing the power and influence of the fifteen bishops from the circumcision whom the whole world followed in celebrating the feast, in my opinion does not mean (contrary to RICHARD), that immediately following the cessation of the διαδόχη of Jewish-Christian leaders so did its influence and its widely *disseminated* customs. See R. CANTALAMESSA, *Ostern in die Alten Kirche* (translated from Italian), Bern 1981 : 111, n. 2. The thesis advocated by RICHARD concerning the adjustment in the day of the feast which took place in the Church of Jerusalem was described by him as a compromise between the local current custom of cele-brating the feast on the fourteenth of Nisan and that of the new gentile leadership and laity who did not celebrate Easter at all, resulting in fixing a new date for the feast, the Easter Sunday is attractive, but never the less too schematic and even misleading. It is very unlikely that the new local gentile leadership would have severed its links with what was considered as resulting « from a more ancient tradition » (ἐκ παραδόσεως ἀρχαιοτέρας) so abruptly. I tend to follow on this C. C. RICHARDSON's solution on the second century history of the Quartodeciman tradition, see his « A New Solution to the Quartodeciman Riddle », *JTS*, 24 (1973) : 74-84, esp. : 80-84. Secondly had Eusebius known that the Palestinian custom of adopting the Easter Sunday was by the time of Victor (toward the end of the century) a long established custom, in the Church of Jerusalem, being an ardent anti-Quartodecimanian himself and a local patriot of the Palestinian Church he would not have concealed this fact. I therefore believe that the change from the Quartodecimanian custom to a Dominical Easter occurred later and *was actually sanctioned only* in the wake of the big controversy during the time of Victor of Rome, by the local synod convened by Theophilus and Narcissus. By then the custom of Easter Sunday after the deliberations in Rome and Laodicea (ca. 166) may have been confidently labeled as based on Apostolic Tradition (ἀποστολικῆς παραδόσεως), there is no need to define this term in Eusebius' description as a gross anachronisme (cf. RICHARD : 211). This description of the course of events concerning the Palestinian Synod seems to be endorsed by J. FISCHER's rather vague notes (*supra*, n. 23) : 23-25.

33. W. HUBER, *Passa und Ostern*, Berlin 1969 : 53-55. The clearest summary of the diffe-rences between the chronology of Jesus' Passion in the Synoptic Gospels and the one to be

from its Quartodeciman roots by adopting a new regulation based on John the Evangelist's chronology of the original Paschal ordeal of Jesus, not celebrating Easter earlier than the sixteenth of the lunar month.

In the middle of the third century Firmilianus, the Bishop of Caesarea in Cappadocia declared forcefully that there was nothing of substance in the argument of the Roman Bishops that their Paschal customs is based on the Apostolic Tradition, and consequently their custom was not the one practised in Jerusalem.[34] This is underlined by the fact that even towards the end of the third century the heads of the Alexandrian Church had to revert back to the principles of the Jewish calendar calculations in spite of their strong alienation from it.[35]

The mighty effort exerted by Narcissus trying to preserve the local tradition was done in cooperation with Theophilus, the Metropolitan Bishop in Caesarea. This Church that had not yet claimed to have apostolic roots[36] served in this as a junior partner contributing rather its politico-administrative weight.

This partnership between the two dioceses was the first in a series of active cooperation during most of the third century and its influence was felt beyond the confines of Palestine.

A strong political posture can, sometimes, lead to deviation from existing « norms » and the following is a proof of this : Towards the end of second tenure of Narcissus, whose advanced age began to tell on him, a man, named Alexander, came to visit the holy places in the town. He had already been appointed to serve as a bishop in Cappadocia. The members of the Jerusalem Christian Community, who knew of his fearless stand during the persecutions by Septimus Severus, strongly urged him to take up residence in Jerusalem and lead the community.[37]

---

found in the Fourth Gospel is in F. F. Bruce's short review of M. Jaubert's (*La Date de la Cène. Calendrier Biblique et Liturgie Chrétienne*, Paris 1957), *JJS* 3 (1959) : 219-223 (I am grateful to Prof. D. R. Schwartz for bringing Bruce's review to my attention). See now S. G. Hall, « The Origins of Easter », in E. A. Livingstone (ed.), *Studia Patristica* 15, Berlin 1984 : 562-565.

34. Cyprian, Ep. LXXVI, 6 (ed. W. Hartel, *CSEL* 3/2, Vindobonnae 1871 : 813).

35. See Peter of Alexandria's fragments *On Easter*, 2-4 (PG 18, cols. 513, 516).

36. To the best of my knowledge this claim appears for the first time in Eusebius' *Theophany*, IV, 6 (translated from the Syriac version by S. Lee, London 1842 : 219)

37. Eusebius, *HE*, VI, 8, 7 ; 11, 1-3 (ed. Schwartz : 536-538 ; 540-542).

One who studies carefully Eusebius' and Jerome's versions of this episode will realize that Alexander did not go through any local election procedure. In the local context of the tradition the nomination came as a decision from heaven. The deep involvement of the Jerusalem community in the execution of this heavenly choice parallels the important role played by the laity in the elections of bishops at that period in the Church of Rome.[38] On the other hand, what appears to be the tacit consent[39] of the neighbouring bishops to the laity's efforts to compel Alexander to remain in Jerusalem, only demonstrates the passive role played by the clergy in this so extraordinary incident of sacerdotal election.

The translation of a bishop from one see to another in the light of the marginal involvement of the regional church authority could not have been effected without the special charismatic and political stature of Narcissus. These anecdotes show the assertion of power of the Jerusalem Church. Narcissus' power stemmed from his charismatic personality which compared favourably in the eyes of his contemporaries with the adored figures of the Church leaders of the first generation. This image was strengthened by the deliberate dissemination of strings of anecdotes about Narcissus by the Church establishment and by the members of the local community (ὡς ἐκ παραδόσεως τῶν κατὰ διαδοχὴν αδελφῶν τοῦ Ναρκίσσου μνεμονεύουσιν).[40]

Narcissus as a Hagiographic Figure

Within the framework of the definition of hagiography by the Bollandists and other scholars it is doubtful whether there was a justification for an Eusebian collection of anecdotes about Narcissus. There are two interconnected arguments to validate this : Around Narcissus' person did not grow any saint's cult. (He is not even mentioned in the local liturgical calendars). The fact that he didn't die as a martyr

38. HIPPOLYTUS, *Apostolic Tradition*, I, 3 (edited and translated by G. DIX and reissued with corrections by H. CHADWICK, London 1968 : 3).

39. EUSEBIUS, *HE*, VI, 9 (*supra*, note 36) ; JÉRÔME, *De viris illustribus*, 63 (*PG* 23, col. 673), only emphasizes the bishops attendance to Alexander's reception. Compare Rufinus' latin translation of the passage in EUSEBIUS' *History* (ed. Th. MOMMSEN *apud* SCHWARTZ : 541).

40. EUSEBIUS, *ibid.*, 9, 1 (*ibid.* : 538).

might have served as a negative factor.[41] Due to this fact Narcissus'
name faded away from Church traditions and did not merit
hagiographic legends connected with his name. In the Greek tradition
he is totally ignored. The only few anecdotes known to us, however,
have been preserved by Eusebius. On the other hand, he reached fame in
Latin works of the eighth and ninth centuries, by Adhelmo and
Floduardus of Rheims.[42] We may conclude that Eusebius' biography of
Narcissus filled a contemporary need. The two stories we are going to
mention were disseminated by the Christian establishment in
Jerusalem. Eusebius chose the stories from many which he had heard
told because they served his historiographic goals. When Eusebius set
out to write Narcissus' biography against the background of the continuous history of the Church he carefully separated the political figure
from the charismatic image. This act was not prompted by dictates of
chronology alone. We read of Narcissus and the Paschal affair in the
fifth book of the « History » and of Narcissus the miracle-worker in
the sixth book. In fact most of the sixth book of the « History » deals
with the biography of a personality that is particularly near to the
world of Eusebius and to that of his teacher Pamphilus, Origen. This
book is in fact a biography of a Holy Man (Θεῖος Ἀνήρ) and includes
many polemic aspects against the biographies of charismatic figures of
the pagan world.[43] Without overshadowing the personality of the
central figure, Origenes, Eusebius thought it to be fitting to include
here the biography of Narcissus.

The series of anecdotes connected with Narcissus are presented by
Eusebius as a unified literary unit. Their order of presentation, at least
the second and third stories is chronological, which ascribes to them an
intrinsic historical development. The first story, though without the

---

41. The only reference to Narcissus' martyrdom appears in an Ethiopean Synaxary based on a
previous Alexandrian Synaxary, see E. A. WALLIS-BUDGE, *The Book of the Saints of the
Ethiopean Church*, Pt. III, Cambridge 1928 : 662-663. There is no entry under this name in
the *BHG*.

42. ADHELMO, *De laude virginis*, 21 (PL 89, cols. 254-255) ; FLODUARDUS of Reims, *De
triumphis Christi sanctorumque Palestinae* I, 23 (PL 135, cols. 505-508).

43. Studied so ably by P. COX, *Biography in Late Antiquity - A Quest for the Holy Man*,
Berkeley 1983. In fact, the sixth book of the History is an abridged form of an Apology on
Origen written by Eusebius and Pamphilus. On that, consult R. M. GRANT, « Eusebius and
His Lives of Origen », in : *Forma Futuri : Studii in onore del Cardinale Michele Pellegrino*,
Turin 1975 : 635-649.

chronological link, is still connected with the personal history of Narcissus right from his first meeting with his public till the last days he spent in their midst including, in the middle, the time he separated from them to lead « a philosophical life » in the wilderness.

Of the three stories we shall deal in detail with two because they are important to the understanding of the new image of the Jerusalem Church.

The Miracle of the Oil and the Water

> Once at the great all-night vigil of the Pascha it is said that the oil failed the deacons, and that when deep despondency (ἀθυμίας) seized the whole multitude, thereupon Narcissus commanded those who were preparing the lights to draw water and bring it to him; that when this was no sooner said than done, he then prayed over the water, and bade them pour it down into the lamps with unfeigned faith in the Lord. And that when they did this, contrary to all reason by miraculous and divine power its nature was changed (μεταβαλεῖν τὴν φύσιν) in quality from water into oil, and that for a very long time, from that day even to ours a little was preserved as a proof of that wonder of former days by very many of the brethren there.[44]

What prompted Eusebius to recount this story was chiefly the presence of the relic kept by the community members. This is one of the type of refined quality miracles and not such as deal with exorcism of demons, or miraculous cures but a metamorphosis in nature. The typological analogy to this would be Jesus' turning the water into wine at a wedding feast he attended in Cana in the Galilee.[45] Here too, this act of miraculous revelation is deemed as a crowning achievement of the Holy Man and this aspect warrants its being placed at the head of this string of stories.

Nevertheless, in some points the story of the miracle wrought by Narcissus was different. While according to the evangelist, Jesus him-self was the worker of the miracle, Narcissus appears to be only a mediator, since he ascribed its taking place to two factors : to limitless faith and endless prayer. Thus the miracle, *per se*, has

---

44. EUSEBIUS, *HE*, VI, 9, 1-3 (ed. SCHWARTZ : 538).
45. John, 2, 1-11.

acquired a new interpretation and it fitted in with those in the Jewish contemporary sources.[46] There is no need to stress the fact that Narcissus did not consider himself as an equal to Jesus. The miracles of this type do, however, tell evidence about those who stand in their center. Ascribing such a miracle to Narcissus, reveals the intention to connect the maker of the miracle with different times, with the apostolic era.

The Heavenly Revelation and the Appointment of Alexander of Cappadocia as the Bishop of Jerusalem

Eusebius brings the whole series of the anecdotes in order really to justify the recounting of the following one. This anecdote in reality belongs to the years of decline in Narcissus leadership in Jerusalem.

> And when he [Narcissus] was no longer able to perform ministry on account of ripe old age, the above mentioned Alexander, being bishop of another community, was called by a dispensation of God to a joint ministry with Narcissus, by a revelation which appeared to him in a vision at night. Whereupon, as if in obedience to some oracle, he made the journey from the land of the Cappadocians, where he was first deemed worthy of the episcopate, to Jerusalem, for the purpose of prayer and investigation of the [sacred] places. The people there gave him the most cordial welcome, and suffered him not to return home again, in accordance with another revelation which was seen by them also at night, and which vouchsafed an identical utterance of the clearest kind to those of them who were peculiarly zealous. For it indicated to them to go forth outside the gates and welcome as their bishop him who was foreordained of God. And doing this, with the common consent of the bishops, who were administering the churches round about, they compelled him of necessity, to remain.[47]

We find here a two levelled tradition. On the one hand we have the two ætiological fragments — the vision of Alexander and the vision of the populace in Jerusalem. Both wish to explain why Alexander of Cappadocia assumed the leadership of the Jerusalem Church. The aetiologic element is even stronger if we accept the testimony of the

---

46. The example at hand is the miraculous story about R. Hanina ben Dosa. *BT*, Taanit 25a, cf. G. VERMES, « Hanina ben Dosa », *JJS* 23 (1972) : 37-42 ; *JJS* 24 (1973) : 61-62.

47. EUSEBIUS, *ibid.*, 11, 1-3 (*supra*, note 36).

Christian historiographer Socrates of the 5th century, that when Alexander came to Jerusalem he had already been serving as the bishop of Cappadocia.[48] Socrates stressed this episode as a precedent for serving bishops leaving their dioceses to assume ministry in another place.

Between these two aetiological fragments, Eusebius interwove a more mundane story on the real circumstances of Alexander's visit to Jerusalem. I wish to underline this point with two arguments.

First, Alexander's trip to Jerusalem was not in fulfilment of a heavenly summon but in accordance with the typical character of early pilgrimage.[49]

Was then the aim of this addition to amplify the status of the vision experienced by the Christians of Jerusalem ? Secondly, the reception accorded to him by the Jerusalemites, described in the middle of the story, was on a modest scale compared with the one described, independently, later on. While the first may have intended to receive him as a confessor who was deemed in local eyes to serve as their bishop and thus insisted on his staying there, the second was a vision heralding the Adventus with its Roman-Byzantine rituals.[50] The hagiographic aspect of the story lies in its connection with Jerusalem. Looking for analogies we can side-step the biblical sphere, i.e. the story of Abraham leaving his birthplace, but in the more proximate historical field nearer to the heart and interest of the Christians of Jerusalem in the apostolic period of Jerusalem, we can find an analogous symbolic framework.[51] The key to the understanding of hagiographical element

---

48. SOCRATES, *HE*, VII, 36 (*PG* 67, col. 817).

49. I am stressing Eusebius' words which link the two aspects of the journey and both parts of the description. On the nature of the Pilgrimage to Palestine and in particular to Jerusalem during the second and third centuries, see now in my unpublished dissertation (*supra*, note 19) : 27-28.

50. The obvious precedent and type is Jesus' entry to Jerusalem with its messianic connotations as in John 12, 12-15, where it is explicitly stated that the people went forth to meet him. On the changes in the Adventus ceremony consult Sabin G. MacCORMACK, « Change and Continuity in Late Antiquity : The Ceremony of Adventus », *Historia* 21 (1972) : 721-752 ; and the fine study of art history by Kenneth G. HOLUM and G. VIKAN, « The Trier Ivory, Adventus Ceremonial, and the Relics of St. Stephen », *DOP* 33 (1972) : 115-133.

51. Like in Abraham's case, *Gen* 15, 1-2 or other « call stories » such as Elijah's prophetic call of Elisha in 1 *Kings* 19,19-21, which are not direct parallels but contain the essential ingredients which make the similarity possible. On this « call story » see A. ROFÉ, *The Prophetical Stories : The Narratives about the Prophets in the Hebrew Bible, Their Literary Types and History*, Jerusalem 1982 : 42-48 (in Hebrew). On the New Testament, see A. J. DROGE,

in the story is found in the extraordinary way in the divine appointment of Alexander. It seems plausible that even in this respect the traditionalists wanted to mark the appointment with the stamp of the archaic, apostolic period in the history of the Jerusalem Church, during which people were called to carry out missions by divine inspiration.[52] The direct political message in this public image comes to emphasize the professional heritage not by human agency nor by the Church establishment. The whole story may have served as a reaction to internal tension created through Narcissus' return from his seclusion,[53] and carried with it some sort of statement concerning his monepiscopacy.[54]

We shall here venture to say that we find a further symbolic angle in the Alexander affair. Here is a man, on the lofty level of a confessor (his eventual martyrdom underlies the quality of his person) an elected bishop in Asia Minor, where the Montanistic heresy spread far and wide leaving precisely for Jerusalem and also by the powerful compulsion of a revelation ; all these have clearly signalled to the Christians of Jerusalem the superior status of their town over « the Jerusalem of Phrygia » in Pepuza.

These components of a hagiographic tradition could have strengthened the Jerusalem Church in her struggle for the rehabilitation of her historic image but foremost in her struggle against the montanistic idea of a new Jerusalem be it terrestrial or eschatological.

There is a third story found between the other two which may throw further light on that period of the ten years during which Narcissus disappeared from the public scene. In its main outline aside from the symbolism it contains an important component of the spiritual profile of Narcissus. Due to his over-strict personality in the eyes of his community members a libel was concocted against him which made him leave for an unknown destination in the desert.[55] There he could fulfil

« Call Stories in Greek Biography and the Gospels », *SBL* 22 (1983 Seminar Papers), 1985 : 245-257.

52. John 21,17 ; Acts 9,3-19 (Paul) ; Jesus' revelation to James, Peter and John according to Clement of Alexandria's Hypotyposes apud Eusebius' *HE*, II, 1, 3 (ed. S CHWARTZ : 104).

53. That is how R. L. Fox interpreted the anecdote. See his study, *op. cit.* (note 5) : 508-509.

54. On this see Eric G. JAY, « From Presbyter-Bishops to Bishops and Presbyters — Christian Ministry in the Second Century : A Survey », *SecCent* 1 (1981) : 125-162, esp. : 136-137, 151-154.

55. EUSEBIUS, *HE*, VI, 9, 4-8 (ed. SCHWARTZ : 538-540).

his wish to lead a philosophical life (φιλόσοφον βίον) (the meaning of this concept is explained in the biography of Origenes written by Eusebius and Pamphilus)[56] and eventually those who libelled him, a minority in the community, were meted out divine punishment. Narcissus thereupon returned to Jerusalem, was reappointed as bishop and Gordius, who had been made locum-tenens by the bishops was suspended from the ministry.

The center-piece of this story is Narcissus' leaving his post as a leader and his going into seclusion in the wilderness. Eusebius used this point in order to complete the profile of Narcissus, as a Holy Man. *He endowed him with the traits of asceticism, holiness, and charisma fused in the same individual.* In this context Narcissus' extremely advanced age, 116 years, is also significant. This fact was mentioned in Alexander's epistle to the community of Antinoe in Egypt and Eusebius too looked for its confirmation in the archives of Jerusalem and put it into his story.[57]

Exceptionally high age was an historically significant asset because it bridged generations as a living witness. In particular it was appreciated when its continuity connected an apostolic image at such a late period with its archaic model forerunner. In the case of Narcissus his age was not just a statistic item but activated the imagination to view him as the direct heir of Simon son of Clopas James' successor as the head of Jerusalem Church.

It would seem as if in Narcissus' and Alexander's period a similar format of leadership was established, a « *holy man* » and his successor a *martyr*. In the light of this we may see in the list of 15 bishops of the gentiles starting from the termination of Bar-Kohba's revolt,[58] not only

---

56. Narcissus is probably the earliest recorded Christian hermit but his retirement was not actuated merely by disgust at being slandered, as Dodds' would have us believe, *Pagan and Christian in Age of Anxiety*, Cambridge 1965 : 33, note 4. The real meaning here of the term φιλόσοφος βίος which in Eusebius' eyes may have resembled the term βίος Θεωρητικός mentioned by the Greek philosophers and Philo, is still to be determined. While Narcissus' example was not as yet discussed we can infer some conclusions from later saints biographies. On that see A. MEREDITH, « Asceticism — Christian and Greek », *JTS* 27 (1976) : 313-332 and more recently R. KIRSCHNER, « The Vocation of Holiness in Late Antiquity », *VigChr* 38 (1984) : 105 ff. esp. : 109-114.

57. *HE*, VI, 11, 3 (ed. SCHWARTZ : 542).

58. *Ibid.*, V, 12, 2 (ed. SCHWARTZ : 544).

a creation of the period of Narcissus but an additional means of closing the chronological gap in the local church history and in the service of political imagery.

For the local members of the Church the image imparted to them in the stories circulating about Narcissus meant the dawn of a new age, and the first steps in an œcumenical recognition in the Church of Jerusalem as an Apostolic see.[59] Chadwick's Jerusalem Mystique turned real after all.

Hebrew University of Jerusalem

59. It is most significant that in the days of Alexander the people of that Church demonstrated to all visitors James' Throne, *ibid.*, VII, 19 (ed. SCHWARTZ : 672-674). The role played by the Church of Jerusalem in the latter part of that century in the debates and suppression of heresy complements this.

F. MANNS

LA LISTE DES PREMIERS ÉVÊQUES DE JÉRUSALEM

L'ÉTUDE DU CHRISTIANISME primitif n'est pas chose aisée, car les sources qui nous permettent de connaître la communauté sont partielles et partiales[1]. La critique des sources, pour importante qu'elle soit, ne doit cependant pas empêcher l'étude patiente et prudente des premières générations chrétiennes.

La communauté chrétienne de Jérusalem était composée en majorité de juifs croyants, à en croire les *Actes des Apôtres*. Elle se réunissait dans la chambre haute et continuait à fréquenter le Temple. L'événement de la Pentecôte avait eu pour témoins non seulement des juifs de Jérusalem, mais aussi des juifs de la Diaspora et des prosélytes. Aussi n'est-on pas surpris de trouver une liste d'évêques de Jérusalem issus de la circoncision. Ce qui est plus surprenant c'est que cette liste provienne de la grande Église, qui ne tenait pas toujours en estime les chrétiens de la circoncision. Plusieurs recensions de cette liste nous sont parvenues. De nombreuses études ont été consacrées à l'examen de ces listes. Si nous reprenons le dossier en mains, c'est moins pour apporter des éléments nouveaux que pour relire ces listes dans leur contexte historique. Nous voudrions évoquer ici quelques

---

1. Un problème similaire est celui de l'étude du judaïsme pluraliste du premier siècle. Pour étudier les sadducéens, par exemple, nous avons beaucoup des textes de provenance pharisienne.

problèmes posés par cette liste. Puisqu'il s'agit de l'étude d'un document historique de première importance, c'est la méthode historique que nous appliquerons à ce document.

Status quaestionis

Un bref rappel des principales hypothèses proposées à ce jour n'est pas sans intérêt.

Dans le monde allemand l'intérêt pour la liste des évêques de Jérusalem était très vif. Ceux qui étudiaient l'histoire de la communauté primitive, avec ou sans *a priori* philosophiques, ne pouvaient ignorer ce texte fondamental. Tributaires de la dialectique de Hegel, les chercheurs d'outre-Rhin avaient une tendance très forte à imposer le moule de leur formation à l'étude du christianisme primitif.

Harnack dans son *Histoire de la littérature chrétienne jusqu'à Eusèbe* fut affronté au problème de la liste des premiers évêques[2]. Sa conclusion peut se résumer ainsi : la liste n'est pas un document historique, mais un faux. La multiplicité des noms qu'elle contient prouve qu'il ne s'agit pas d'une liste d'évêques qui se sont succédé, mais d'évêques-presbytres qui ont vécu à la même époque. De plus, elle inclut les *desposunoi*. La communauté primitive avait admis le califat[3].

Schlatter reprit l'examen de la liste[4] ainsi que Zahn[5]. Quinze évêques pour une période de temps aussi brève ! Cela constitue un record. La liste contient non seulement les évêques de Jérusalem, mais ceux de Césarée, voire de la Palestine.

Parmi les principaux historiens qui ont étudié la liste il faut mentionner E. Caspar[6], Schoeps[7], von Campenhausen[8] et Stauffer[9]. Pour

---

2 . A. HARNACK, *Geschichte der altchristlichen Literatur bis Eusebius*, II ; Die Chronologie, Leipzig 1897.

3. Cette idée sera reprise par J. WEISS, *Das Urchristentum*, 1917 : 558 ; R. KNOPF, *Das Nachapostolische Zeitalter*, 1905 : 25 ; E. MEYER, *Ursprünge und Anfänge des Christentums* III, 1923 : 224 et par H.-J. SCHOEPS, *Theologie und Geschichte des Judenchristentums*, Tübingen 1949 : 282.

4. A. SCHLATTER, *Die Kirche Jerusalems vom Jahre 70-130*, Gütersloh 1898.

5 . Th. ZAHN, *Brüder und Vettern Jesu. Forschungen zur Geschichte des neutestamentlichen Kanons und der altkirchlichen Literatur* VI, 2, Leipzig 1900 : 281-301.

6 . E. CASPAR, *Die älteste römische Bischofsliste. Kritische Studie zur Formproblem des eusebianischen Kanons sowie zur Geschichte der Bischofslisten und ihrer Entstehung aus apostolischen Sukzessionsreihe*, 1926.

von Campenhausen, la liste d'Eusèbe reproduit celle des maîtres de la tradition chrétienne. La première lettre de Clément de Rome 42, 4 ; 44 prouve que la liste des maîtres de la tradition dans la communauté de Rome a précédé celle des évêques. Dans les listes, léguées par l'antiquité chrétienne, c'est l'idée de succession qui domine, idée connue dans les écoles philosophiques grecques. Hégésippe l'a reprise dans sa lutte contre les gnostiques.

Pour Stauffer, la liste est celle du *presbyterium* de Jérusalem, du sénat de la communauté primitive. Jacques est une des trois colonnes de l'Église-mère. Au concile de Jérusalem il agit comme président du sanhédrin. Il fait envoyer des *shelihim* pour communiquer les décisions du concile qui se rapprochent de celles de *Aboda Zara* 2, 1. Il envoie ses frères en mission (1 Co 9, 5) et organise la mission judéo-chrétienne (Ac 21, 20). On trouve ses messagers à Philippes (Phil 1, 15). Sa personnalité est si forte que Flavius Josèphe ne peut pas la passer sous silence. Il a le même surnom que le grand prêtre Simon : il est qualifié de *saddiq*. Il remplit la fonction de *mebbaqer* dont parlent les textes de Qumran. L'importance de l'idée de succession est typiquement juive ; on la retrouve dans la Mishna *Abot* pour la tradition orale, mais on connaît aussi des listes de succession sacerdotale (1 Ch 6, 35 ; Ne 12, 10, Josèphe, *Ct Apion* 1, 7 ; *Ant* 20, 10)[10].

Enfin, récemment, van den Broeck prit en considération *La lettre apocryphe de Jacques à Quadratus*[11] pour la comparer à la liste d'Eusèbe et d'Épiphane. Les derniers noms mentionnés dans *La lettre de Quadratus* sont identiques à ceux des évêques d'Eusèbe. Il ne s'agit pas d'évêques, mais d'un collège de presbytres qui est indiqué par Eusèbe. Les témoignages sont nombreux qui attestent que les Églises

---

7 . H.-J. SCHOEPS, *Theologie und Geschichte des Judenchristentums,* Tübingen 1949 : 287.

8 . F. von CAMPENHAUSEN, « Die Nachfolge des Jacobus, » *ZKG* 63 (1950-51) : 133-144.

9 . E. STAUFFER, « Zum Kalifat des Jacobus, » *ZRGG* 4 (1952) : 193-214.

10. EUSÈBE, *HE* 7, 19 fait mention du trône de Jacques. Le président du sanhédrin juif avait un siège spécial. Mais le symbole du trône pourrait évoquer le mode de succession des évêques par intronisation. En effet, *L'Assomption de Moïse* 12, 1 et *Sifre* Nb 27, 18 font état de l'imposition des mains et de l'intronisation comme rite d'ordination.

11. R. van den BROECK, *Der Brief des Jacobus an Quadratus und das Problem der judenchrist-lichen Bischöfe von Jerusalem* (EUSEBIUS, *HE* IV, 5,1-3), in A. J. F. KLIJN, *Text and Testimony* 1988 : 56-65. Voir aussi l'étude de G. KRETSCHMAR, « Festkalender und Memorialstätten Jerusalems », *ZDPV* 87-88, 1971 : 168. L'auteur insiste sur le caractère théologique de la liste d'Eusèbe.

d'Antioche et d'Alexandrie connaissaient l'institution des douze presbytres à côté de l'évêque[12].

Dans le camp anglais C. H. Turner consacra, au début du siècle, une série d'articles à l'étude des anciennes listes épiscopales. Celle de Jérusalem nous intéresse[13]. Carrington reprit l'étude du problème[14]. Après avoir rappelé que les 120 ans de Simeon sont à lire dans un sens symbolique, au même titre que les cent vingt ans de Hillel et d'Akiba, Carrington pose deux questions : Que savons-nous de l'existence même de la communauté chrétienne de Jérusalem après la destruction du Temple ? Comment concilier le récit de la fuite à Pella et celui de la liste des évêques judéo-chrétiens ? Puis, deuxième problème, comment expliquer l'abondance d'évêques sur la liste pour une période de temps aussi brève ? Carrington opte pour une liste de presbytres.

Récemment Bauckham[15], dans son commentaire de *La lettre de Jude*, a consacré une longue introduction au problème des parents de Jésus dans l'Église primitive. Il refuse d'admettre le principe du califat dans l'Église primitive.

À noter un silence très significatif. J. Taylor, dans sa thèse sur le mythe judéo-chrétien, passe très rapidement sur ce texte. Elle conclut sa recherche par ces conclusions :

> « There is no garantee that the Christian Communities of Jerusalem had an unbroken succession of Bishops : nevertheless, here of all place certain traditions may have survived. If they did, then they survived against enormous odds. The two Jewish civil wars and their aftermaths shattered the continuity of its citizenship in general. C.H. Turner believed that the break between ethnically Jewish and Gentile Christianity in Jerusalem was absolute (note 29). This seems too extreme a view, especially as it is proposed in these pages that Jewish and Gentile Christianity, defined ethnically, blended into a multiform « catholic » Church before the most devastating destruction and population displacement wrought by Hadrian. All the same, a simple continuity of tradition in Jerusalem cannot be presumed » (*pro manuscripto*).

---

12 . Voir aussi le *Testamentum Domini* 34 et 40 ; les textes pseudo-clémentins, *Rec* 3, 68 ; 6, 15 ; *Hom* 11, 36, 2 ; les *Constitutions Apostoliques* 2, 28, 4.

13. C. H. TURNER, The Early Episcopal Lists, *JTS* 1, 1900 : 529-553. La même idée est défendue par F. C. BURKITT, *Christian Beginnings*, London 1924 : 67.

14. Ph. CARRINGTON, *The Early Church* I, Cambridge 1957 : 419.

15. R. BAUCKHAM, *Jude and the Relatives of Jesus in the Early Church*, Edinburgh 1989.

Dans les milieux francophones, il faut remarquer une étude de Hermann[16], quelques mentions très sceptiques de Goguel[17] et des allusions au problème faites par Daniélou[18] et van Esbroeck[19]. Ce dernier reprend l'hypothèse de Schlatter et de Carrington qui voient dans la liste la mention des presbytres plutôt que des évêques. Van Esbroeck a publié un texte géorgien attribué à Justus, évêque de Jérusalem, qui est un commentaire très bref du livre de la Genèse. Il reste à faire une étude approfondie du texte.

Les sources

L'examen des sources va retenir tout d'abord notre attention. Pour présenter les sources nous suivrons l'ordre chronologique. Datées du quatrième siècle, les deux listes d'Eusèbe de Césarée et une liste d'Épiphane d'Éleuthéropolis rapportent le nom des premiers évêques. De la même époque pourrait dater un texte apocryphe intitulé *Lettre de Jacques, évêque de Jérusalem, à Quadratus*, ainsi que la liste brève des évêques de Jérusalem contenue dans les *Constitutions apostoliques*. Plus tard, au septième siècle, on connaît d'autres indications provenant du *Chronicon Paschale* ainsi qu'une lettre arménienne attribuée à un certain Justus, qui cite Justus de Jérusalem, troisième évêque après Jacques. Enfin, la *Chronique* du Syncelle et les *Annales* d'Euthychius d'Alexandrie, datées du neuvième siècle, reproduisent la liste des évêques de la circoncision.

La grande variété et la diffusion des sources indique que la tradition orale était fort répandue. On la trouve dans des milieux géographiques aussi éloignés que la Palestine, l'Égypte et l'Arménie. Avant de faire la critique des sources, il nous faut commencer par examiner les sources elles-mêmes.

---

16. L. HERMANN, « La famille du Christ d'après Hégésippe », *Revue de l'Université de Bruxelles* 42, 1936-37 : 387-391.

17. M. GOGUEL, *La naissance du Christianisme*, Paris 1946 : 129.

18. J. DANIÉLOU et H. MARROU, *Nouvelle Histoire de l'Église*, I. Des origines à la fin du troisième siècle, Paris 1963 : 77.

19. M. van ESBROECK, « Introduction au Discours de Barsabée sur les Églises », *PO* 41.

Les deux listes d'Eusèbe de Césarée

C'est dans la *Chronique* et dans l'*Histoire Ecclésiastique* qu'Eusèbe donne la liste des évêques de Jérusalem. Aux quinze évêques de la circoncision succèdent quinze évêques de la gentilité. Le texte grec de la *Chronique* est perdu. Il était divisé en deux parties : la première était un abrégé de l'histoire générale, la seconde était constituée par des tableaux chronologiques destinés à mettre en relief les synchronismes. De chacune de ces deux parties nous possédons une traduction : arménienne pour la première, latine pour la seconde. La version arménienne repose sur une révision qui s'étendait jusqu'à Constantin[20]. Le cadre chronologique est déterminé par l'ère d'Abraham, qui est complétée, pour la période chrétienne, par les Olympiades et les années de règne des empereurs. La version latine, due à Jérôme[21], a été poussée jusqu'en 378. La version arménienne diffère cependant de celle de Jérôme en ce qui concerne le synchronisme des Olympiades[22].

La *Chronique* est antérieure à l'*Histoire Ecclésiastique*. Pour rédiger cette œuvre, Eusèbe avait lu les auteurs ecclésiastiques du passé, en particulier Hégésippe et Tatien. Il est possible qu'une première édition de l'*Histoire Ecclésiastique* ait paru en 312. Pendant de nombreuses années encore, jusqu'au triomphe définitif de Constantin, l'ouvrage resta en chantier. Dès le début de l'*Histoire Ecclésiastique* [23] Eusèbe met en relief le but qu'il se propose d'atteindre :

« la succession des saints apôtres, ainsi que les temps écoulés depuis notre Sauveur jusqu'à nous, toutes les grandes choses que l'on dit avoir été accomplies le long de l'histoire ecclésiastique ; tous les personnages de cette histoire qui ont excellemment présidé à la conduite des plus illustres diocèses ; ceux qui, dans chaque génération, ont été, par la parole et par les écrits, les ambassadeurs de la parole divine ; les noms, la qualité, le temps de ceux qui, entraînés aux dernières extrémités de l'erreur par le charme de la nouveauté, se sont faits les hérauts et les introducteurs d'une science au faux nom et qui, tels des ravisseurs, ont cruellement ravagé le troupeau du Christ... »

20. J. KARST, *Griechischen Christlichen Schriftsteller*, 20, Leipzig 1911.
21. R. HELM, *Griechischen Christlichen Schriftsteller*, 24 et 34, Leipzig 1913 et 1926.
22. C. H. TURNER, « The Early Episcopal Lists », *JTS* 1, 1900 : 185.
23. Nous citerons l'édition de l'*Histoire ecclésiastique* faite par G. BARDY dans la collection *Sources Chrétiennes* 31. Voir aussi E. SCHWARZ, *Eusebius Werke*, Leipzig 1903, avec la traduction latine de Rufin.

Nous reproduisons, en synopse, les deux versions d'Eusèbe :

Chronique	*Histoire ecclésiastique 4, 5, 3*
1. Jacques, frère du Seigneur	1. Jacques, frère du Seigneur
2. Simeon	2 Simeon
3. Justus	3. Justus
4. Zachée	4. Zachée (Zacharie F)
5. Tobias	5. Tobias
6. Benjamin	6. Benjamin
7. Jean	7. Jean
8. Mathatias	8. Matthias
9. Philippe	9. Philippe
10. Enecas	9. Senèque (Enecas T 1)
11. Justus	11. Justus
12. Lévi	12. Lévi
13. Ephrem (Jérôme : Ephres)	13. Ephres
14. Joseph (Jérôme : Jose)	14. Joseph
15. Juda (Jérôme : Judas)	15. Judas

Dans la *Chronique arménienne* (Abr 2200) Eusèbe justifie l'absence de dates précises pour les différents épiscopats par le fait qu'il n'a pas trouvé de renseignements complets[24]. Cependant dans l'édition de Helm quelques indications sont données : ad annum 107[25], ad annum 111[26], ad annum 123[27], ad annum 135[28], ad annum 160[29], ad annum 185[30].

Dans la traduction latine de Jérôme plusieurs indications chronologiques sont données :

24. « Tot in Hierusalem episcopis constitutis non convenit nobis singulorum tempora disponere, eo quod non invenimus integros annos praefecturae ».
25. Helm : 194 : « Traiano adversus Christianos persecutionem movente, Simon, filius Cleophae, qui in Hierosolymis episcopatum tenebat, crucifigitur cui succedit Justus ».
26. Helm : 196.
27. Helm : 198-199.
28. Helm : 201.
29. Helm : 203.
30. Helm : 208-209.

Jacobus	Tiberius 19	32/3
Simeon	Nero 7	61/2
Simon Justus	Trajan 10	107/8
Zaccheus, Tobias		
Benjamin, Johannes		
Matthias, Philippus	Traianus 14	111/2
Seneca, Justus, Levi		
Ephres, Joses, Judas	Hadrianus 7	123/4

La liste provenant de l'*Histoire Ecclésiastique* n'est, par contre, qu'une simple énumération de noms sans précisions chronologiques, excepté pour les deux premiers évêques : Jacques et Simeon. Aucune précision n'est donnée sur la durée de l'épiscopat de chacun d'eux. Eusèbe se contente d'écrire à ce sujet : « Quant aux évêques de Jérusalem, je n'ai trouvé nulle part leurs dates conservées dans l'écriture. La tradition rapporte avec assurance qu'ils ont eu une vie très courte ». D'où viennent alors les dates mentionnées dans la Chronique ? S'agit-il d'ajouts tardifs ? Le problème est d'autant plus complexe qu'Eusèbe, dans son *Histoire Ecclésiastique*, porte un grand soin à préciser les années des évêques de Rome.

Les deux listes ne présentent que peu de différences. La plus importante est celle du huitième nom : Mathatias-Matthias. Les autres variantes s'expliquent par une corruption des scribes.

À noter que les noms ont une consonance hébraïque, excepté les noms de Justus, Philippe et Senèque. Les noms hellénisés n'étaient pas boudés par les Juifs, comme le prouvent les livres des Maccabées (Jason) et le Talmud.

Eusèbe affirme tenir la liste de l'*Histoire ecclésiastique* en partie d'Hégésippe, l'auteur judéo-chrétien[31] de cinq livres de *Mémoires,* qui a vécu à l'époque d'Hadrien[32]. Hégésippe devait avoir la Palestine pour patrie. Il fut un grand voyageur. Lors d'un voyage à Rome, il

---

31. EUSÈBE, *HE* 4,22,8.
32. EUSÈBE, *HE* 4,8,1-2. D'après ses affirmations en *HE* 4, 22, 1 il aurait été en rapport avec un nombre très grand d'évêques.

s'arrêta le long de son chemin pour visiter les Églises qu'il traversait[33]. Arrivé à Rome, il voulut vérifier si tous les évêques se rattachaient aux apôtres par une succession ininterrompue. Il se fit une succession *(diadochê)* jusqu'à Anicet[34].

Il n'est pas sans intérêt de rappeler que la ville de Césarée, où Eusèbe écrivait, était également un centre florissant de culture juive[35]. Ses rabbins, en particulier R. Abbahou[36], discutaient avec les maîtres chrétiens. Étant donné ce climat de dialogue, il paraît peu probable qu'Eusèbe n'ait pas trié ses sources.

Épiphane, dans son Panarion 66, 20,

reproduit une liste de quinze évêques de la circoncision, dépourvue de précisions chronologiques, excepté pour le premier, le deuxième, le septième (19e année de Trajan), le onzième (jusqu'à Hadrien) et le quinzième évêque (jusqu'à la onzième année d'Antonin). Voici sa liste :

1. Jacques, martyrisé à Jérusalem sous Néron

2. Simeon, fils de Kleopas, crucifié sous Trajan

3. Judas

4. Zacharie

5. Tobias

6. Benjamin

7. Jean, jusqu'à la dix-neuvième année de Trajan

8. Mathias

9. Philippe

10. Senèque

11. Justus, jusqu'à Hadrien

---

33. Eusèbe, *HE* 4,22,2.

34. Eusèbe, *HE* 4, 22,3.

35. L. I. Levine, *Caesarea under Roman Rule,* Leiden 1975. S. Lieberman, « Palestine in the third and fourth Centuries », *JQR* 36, 1946 : 362. N. R. de Lange, *Origen and the Jews : Studies in Jewish-Christian Relations in Third-Century Palestine,* Cambridge 1975. Selon cet auteur Origène aurait eu une connaissance directe de l'exégèse juive. Cet avis est partagé également par H. Bietenhard, *Caesarea, Origenes und die Juden,* Stuttgart 1974. Kimelman, « Rabbi Yohanan and Origen on the Song of Songs : A Third-Century Jewish-Christian Disputation », *HTR* 73, 1980 : 567-597. W. Bacher, The Church Father Origen and Rabbi Hoshaya, *JQR* 3, 1891 : 357-360. R. Hoshaya était le chef de l'académie de Césarée.

36. S. T. Lachs, « Rabbi Abbahou and the Minim », *JQR* 60, 1970 : 197-212.

12. Lévi
13. Ouaphres
14. Joses
15. Judas, jusqu'à la onzième année d'Antonin.

La liste d'Épiphane s'inspire de la *Chronique* d'Eusèbe. Les ajouts en proviennent : Jacques, Chronique, Néron 7 ; Simeon, Chronique Trajan 10 ; Jean, Chronique Trajan 14-14 ; Justus, Chronique Hadrien 7 ; Judas, Chronique Hadrien 8. Les variantes de la liste ne sont pas importantes : le troisième évêque se nomme Juda au lieu de Justus, le quatrième se nomme Zacharie au lieu de Zachée. Mais ces deux termes sont identiques, car Zachée n'est qu'une abréviation de Zacharie.

Épiphane était préoccupé par le manichéisme. De fait, la naissance du manichéisme marque la fin de la liste des évêques. Tel semble être le cas également dans la *Chronique* d'Eusèbe (Abr 2298a).

Un texte apocryphe intitulé *Lettre de Jacques à Quadratus*

nous est parvenu dans une version syriaque et arménienne[37]. Il présente un intérêt tout particulier, car l'auteur présumé en serait Jacques, l'évêque de Jérusalem. Au paragraphe 10, le texte mentionne Philippe, Senèque, Justus, Levi, Aphre et Juda, scribes des Juifs qui se sont convertis et ont reçu le baptême. Ces scribes convertis discutent maintenant avec les fils de la Synagogue sur l'interprétation des prophètes[38].

Une tradition arménienne, qui remonte au septième siècle, connaît une lettre de Juste, évêque de Jérusalem qui mentionne Juste, troisième évêque de Jérusalem[39] :

> « Car le Christ a pris chair de la terre, et il a changé les croyants en sa nature par le sel de sainteté, et il a établi en nous le sel qui est le remède à la corruption de nos péchés... C'est ce qu'a dit saint Juste qui fut témoin

---

37. A. BAUMSTARK, *Geschichte der syrischen Literatur*, Bonn 1922 : 69. J. DASCHEAN, *Die Lehre der Apostel , das apokryphe Buch der Kanones, der Brief des Jakobus an Quadratus und die Kanones des Thaddäus*, Wien 1896.

38. La traduction allemande de la lettre est faite par R. van den BROEK, dans son article « Der Brief des Jakobus an Quadratus und das Problem der Judenchristlichen Bischöfe von Jerusalem » (EUSEBIUS, *HE* 4, 5, 1-3), in A. J. F. KLIJN, *Text and Testimony*, 1988 : 56-65.

39. N. AKINIAN, *Untersuchungen zu den sogennanten Kanones des Hl. Sahak und das armenische Kirchenjahr am Anfang des 7. Jahrhunderts*, Vienne 1950 : 190-192.

oculaire et serviteur des saints apôtres, ayant obtenu l'épiscopat en second après Jacques et Simeon. »

Le *logion* concernant le sel est reproduit dans un texte géorgien intitulé : Discours de saint Barsabée, archevêque de Jérusalem, au sujet de notre Sauveur Jésus Christ, des Églises et des chefs des apôtres[40].

Dans le Chronicon Paschale[41],

texte qui se clôt en 628 sur une lettre envoyée par Héraclius pour annoncer la mort du roi perse Chosroes, plusieurs mentions des premiers évêques de Jérusalem sont faites. Simeon, le deuxième évêque de Jérusalem, apparaît deux fois.

> « Juste surnommé Barsabée se tint à la tête de l'Église de Jérusalem, comme troisième évêque, lui qui avait été choisi par les apôtres à la place de Judas le traître, et avec qui Matthias fut également adjoint par les mêmes saints apôtres ».

Un texte, provenant d'Eusèbe, affirme que Simeon a atteint l'âge de 120 ans, qu'il était fils de Kleopas et qu'il serait mort crucifié lors d'une persécution contre les descendants de David[42].

La Chronique (104) considère que le deuxième évêque est Simon le Cananéen, surnommé Jude de Jacques :

> « Vers la même époque, Simon le Cananéen surnommé Jude de Jacques, qui était devenu évêque après Jacques le frère du Seigneur, ayant vécu 120 ans, fut crucifié ».

Cette information provient vraisemblablement de la mention d'Eusèbe *Ioudaios tis. Ioudaios* est lu comme étant le nom de Jude. La *Chronique* ne l'aurait pas inséré en doublet sans la présence d'une autre source qui connaît Justus Barsabée.

Le troisième évêque est Justus Barsabée. Il aurait été choisi par les apôtres à la place de Judas le traître, comme les Actes des Apôtres le relatent. Ce qu'Eusèbe n'avait pas fait, la *Chronique* le fait.

---

40. La traduction est publiée par M. van ESBROECK en *PO* 41 : 209.
41. L. DINDORF, *Chronicon Paschale,* t. 1, Bonn 1832.
42. *Id.* : 471, 13-472, 2.

La Chronique de George Syncelle[43],

un fonctionnaire de l'Église de Constantinople vers les années 800, donne la liste suivante des évêques :

1. Jacques
2. Symeon, fils de Cleopas, 23 ans (p. 636)
3. Juda 7 ans (p. 652)
3. Juste 6 ans (p. 656)
4. Zachée 4 ans (p. 656)
5. Tobias 4 ans (p. 656)
6. Benjamin 2 ans (p. 657)
7. Jean 2 ans (p. 658)
8. Matthieu 2 ans (p. 658)
9. Philippe 2 ans (p. 660)
10. Henecas 1 an
11. Justus 4 ans
12. Levi 4 ans
13. Ephraëm 2 ans (p. 661)
14. Joseph 2 ans
15. Judas 2 ans.

L'épiscopat de Judas se termine sous Hadrien.

La Chronographie de Syncelle est une des sources principales qui permet de reconstituer la *Chronique* d'Eusèbe et qui s'en inspire.

Nicéphore, patriarche de Constantinople,

est l'auteur d'une Chronographie brève qui se clôt par la liste des livres canoniques. La liste des évêques propose les noms de Zacharias pour le quatrième évêque, Enecas pour le dixième, Ephraïm pour le treizième et Joseph pour le quatorzième.

L'auteur anonyme du Chronographeion suntomon

a écrit en 853. Les principales variantes de sa liste des évêques sont : Judas pour le troisième évêque, Philetus pour le neuvième, Moses pour

---

43. G. DINDORF, Georgius Syncellus et Nicephoris Cp ex recensione G. DINDORF, *CSHB*, Bonn 1829. Nous citons d'après les pages du premier volume.

le douzième, Ephraemias pour le treizième, Josias pour le quatorzième.

Reste le témoignage des *Annales* d'Euthychius d'Alexandrie[44].

Euthychius affirme que les chrétiens revinrent de Jordanie quand ils apprirent que Titus avait détruit la ville de Jérusalem (9, 10). Dans la ville en ruines ils établirent leur Église. Ils mirent à sa tête Simeon, fils de Cleophas, frère de Joseph, le père nourricier de Jésus. Ce fait est daté de la quatrième année du règne de Vespasien. En 9, 13 Euthychius évoque la mort de Simeon. Ce dernier fut crucifié alors qu'il était âgé de 120 ans. En 9, 14 une autre information est donnée : la sixième année du règne de Trajan, Juda fut nommé évêque de Jérusalem. Après un épiscopat de sept ans, il mourut. Tobias fut nommé évêque, la quatrième année d'Hadrien (9, 17). Il resta trois ans sur son siège. La septième année d'Hadrien, Benjamin devint évêque de Jérusalem. Il resta trois ans évêque. La dixième année, Jean fut nommé évêque. Il resta deux ans sur le siège de Jérusalem. La treizième année, Mathatias fut nommé évêque pour deux ans. La quinzième année, Philippe le remplaça pour une période de deux ans. La dix-septième année, Sénèque fut évêque pour un an. La dix-huitième année, Justus fut évêque pour une durée de cinq ans. En 9, 18 Euthychius affirme que, la première année d'Antonin, Lévi fut nommé évêque de Jérusalem pour une période de cinq ans. La sixième année, Ephrem le remplaça pour deux ans. La huitième année, Arsène fut évêque de Jérusalem pour trois ans. La onzième année, Juda fut évêque pour une période de deux ans. De Jacques à Jude tous les évêques étaient d'origine juive.

On voit une évolution se dessiner clairement des listes anciennes aux listes plus récentes. Alors que les listes d'Eusèbe et d'Épiphane ne donnaient que les dates des deux premiers évêques, les listes plus tardives, en particulier celles d'Euthychius et de Syncelle sont plus précises.

---

44. Nous citerons la version arabe traduite en italien par B. PIRONE, *Eutichio, Patriarca di Alessandria (877-940)*, Gli Annali, Cairo 1987.

Le genre littéraire

a) La liste de succession des évêques pourrait appartenir au genre littéraire des *diadochai.* Ce genre littéraire était à l'honneur dans l'antiquité.

Cinq disciples d'Aristote avaient raconté, sous forme de successions, l'histoire des sciences :

> « Théophraste avait composé, sous le titre d' *opinions des physiciens,* un abrégé très précis de l'histoire des sciences de la nature. Ménon avait écrit une histoire de la nature, dont un papyrus d'Égypte nous a conservé quelques pages. Aristoxène de Tarente avait composé une histoire de la musique, dont nous possédons une partie. Eudème de Rhodes avait écrit une histoire de l'arithmétique et de la géométrie et une histoire de l'astronomie dont certains extraits nous sont parvenus. Enfin, Dicéarque s'était occupé de l'histoire de la Géographie »[45].

C'est surtout dans le domaine de la philosophie que les listes de succession sont nombreuses. Dioclès de Magnésie avait écrit une histoire cursive des philosophes et des *Vies de philosophes.* Plus complet est l'ouvrage de Diogène Laerce, *Vie et opinions des philosophes.* Augustin, dans son traité *La cité de Dieu* 8, 2, exploite ces listes de philosophes.

Hégésippe, la source d'Eusèbe, est préoccupé par le problème de la succession apostolique. Il veut prouver la permanence de la doctrine du Christ à travers le temps par les évêques. Il est essentiel que les évêques reproduisent fidèlement l'enseignement des apôtres. Se rendant à Rome, il s'arrêta en chemin pour visiter les Églises qu'il traversait. À Rome il se fit une succession (*diadochen*) jusqu'à Anicet[46].

Peu après Hégésippe, Irénée de Lyon entreprendra le même travail qui lui semblait important pour la vie de l'Église.

b) Au lieu de rattacher la liste des évêques au genre littéraire des *diadochai,* comme semble le faire Eusèbe, on peut proposer deux autres genres littéraires. Le judaïsme connaissait les listes des *garants de la tradition orale* de la loi. La Mishna *Abot* 1, 1 en témoigne.

---

45. A. RIVAUD, *Histoire de la philosophie,* Paris 1948, 1 : 4.
46. EUSÈBE, *HE* 4, 22, 3.

c) Il y a également le genre littéraire des *listes de grands prêtres* transmis dans la Bible (1 Ch 6, 35 ; Ne 12, 10) et par les historiens (Josèphe, *Ant* 20, 10 et *Ct Ap* 1, 7). Il se pourrait que ce dernier genre littéraire soit repris, car Eusèbe mentionne le trône de Jacques[47]. Or, nous savons par *l'Assomption de Moïse* 12, 1 et le Midrash *Sifre Nb*, 27, 18 que l'ordination dans le judaïsme avait lieu par l'imposition des mains et l'intronisation. Eusèbe insiste sur le caractère sacerdotal de Jacques[48].

Le *Sitz im Leben* de ces listes de succession apostolique est relativement facile à établir. C'est dans sa lutte contre les gnostiques qu'Hégésippe a senti le besoin de retrouver la chaîne de la succession apostolique. Eusèbe en témoigne lorsqu'il relate la mort de Jacques et la succession de Simeon[49]. Le caractère apparemment artificiel de cette liste, en ce qui concerne Jérusalem, apparaît du fait qu'aux quinze évêques de la circoncision succèdent quinze évêques de la Gentilité jusqu'à Narcisse[50].

Si on admet le genre littéraire de la liste des prêtres le *Sitz im Leben* pourrait être apologétique.

Problèmes historiques

Après l'exposé des sources, il faut faire la critique des sources dont nous avons dit qu'elles sont du quatrième siècle. Trois siècles les séparent des événements qu'elles relatent. Ce problème est commun à la littérature rabbinique qui a connu une longue période de tradition orale.

Un problème historique qui se pose est celui de l'existence même de l'Église de la circoncision. Récemment, J. Taylor a voulu nier son existence. Nos sources sont tardives : comment des documents du quatrième siècle peuvent-ils nous informer sur une situation du premier siècle ? Il serait plus juste de se poser le problème suivant : comment se fait-il que nous n'ayons pas de documents historiques des trois

---

47. EUSÈBE, *HE* 7, 19.

48. EUSÈBE, *HE* 2, 23, 5. Épiphane reprend cette affirmation , H AER 78,14.

49. EUSÈBE, *HE* 4, 22, 4-6.

50. H. GRAETZ, *Geschichte der Juden* I V, 1865 : 479 reproduit une liste de succession des quinze patriarches de la Beth Hillel de l'an 30 avant J.-C. jusqu'à 425 ap. J.-C.

premiers siècles ? Eusèbe de Césarée nous donne un élément de solution, lorsqu'il affirme que, lors des persécutions contre les chrétiens, leurs livres étaient brûlés (*HE* 8, 2 ; cf Justin, *1 Ap* 44, 12-13, Arnobe, *Ad. Gentes* 4, 36 : PL 5, 1076, *Actes des Martyrs, Felix* 1-2, *Euclius* 2 etc. ; *1 Mac* 1, 56-57 ; *4 Esd* 14, 20-21).

Personne ne conteste le fait que le terme judéo-chrétien soit mal choisi et qu'il peut exprimer une gamme très variée de réalités. Mais il semble difficile de nier les témoignages des Pères, d'Épiphane en particulier, affirmant l'existence des nazaréens et des ébionites et d'autres sectes. Bien plus, dans les Actes des Apôtres déjà, nous voyons apparaître un parti de la circoncision (Ac 11, 2 ; 15, 1 ; cf Ga 2, 12). Rom 15, 26 et Ga 2, 10 emploient le terme de pauvres (*ebyonim*) pour désigner l'Église de Jérusalem.

Pour Baur, les ébionites dériveraient d'un groupe pétrinien qui s'est affronté à Paul en Galatie. Harnack distingue des autres les ébionites décrits par Épiphane. Ceux dont parle Épiphane descendraient des gnostiques juifs. Seeberg les définit comme un groupe de pharisiens anti-pauliniens à l'intérieur de l'Église de Jérusalem, groupe qui s'est amalgamé avec des chrétiens gnostiques. Pour Schoeps, les ébionites seraient des judéo-chrétiens de Jérusalem de tendance pharisienne dont parle Ac 15. Enfin, Koch, dans sa thèse sur Épiphane, *Panarion* 30, a démontré qu'Épiphane suit la séquence : Hégésippe, Hippolyte, Pseudo-Tertullien et Philastre pour les hérésies en général et qu'il incorpore des matériaux provenant des écrits *pseudo-clémentins*.

Hippolyte, *Ref omn Haer, Prol* 7, 8, affirme que les ébionites adhèrent très fermement aux coutumes juives ; tandis qu'Irénée, *Adv. Haer* 4, 33, 4 ; 5, 1, 3 connaît des Ébionites qui se tournent vers Jérusalem pour prier, mais rejettent la naissance virginale. Paul serait un apostat pour eux (*Adv. Haer* 1, 26, 2 ; 3, 11, 7).

Les nazaréens ou nazoréens, répandus à Bérée (Alep), Kokba, près de Damas (Épiphane, *Pan* 29, 7, 7 ; Jérôme, *De Vir* 3, 3, 1) descendraient d'un groupe de chrétiens exilés à Pella (*Pan* 29, 1, 3 ; 30, 2, 8). Leurs écritures comprenaient l'Ancien et le Nouveau Testament ainsi que l'Évangile de Matthieu en hébreu. Jérôme, dans son commentaire d'Isaïe, affirme qu'ils admettaient les écrits de Paul dans leur canon.

La source d'Eusèbe est Hégésippe. Que vaut le témoignage d'Hégésippe ? Les études récentes[51] sont plutôt favorables au témoignage de ce judéo-chrétien. Dans ses *Hypomnêmata* il relate son voyage à Rome à la première personne[52]. Son but est de défendre l'Église de Palestine contre les hérésies gnostiques. Il fait appel parfois aux traditions orales juives[53] provenant probablement des *desposunoi*.

À côté des listes longues de quinze évêques de Jérusalem, nous avons une liste brève dans les *Constitutions apostoliques* 7, 46, 2 qui ne mentionne que les trois premiers évêques de Jérusalem : Jacques, Simon, fils de Kleophas et Judas, fils de Jacques. Curieusement, à cette liste des évêques de Jérusalem fait suite celle des évêques de Césarée. Le premier évêque de Césarée est Zachée le publicain. Le problème se pose alors : la liste de quinze évêques caractérisée par son schématisme est-elle historique ou bien faut-il lui préférer la liste des trois évêques ?

Dans le judaïsme on retrouve des listes schématiques. Ainsi au traité *Abot*, dans le premier chapitre, quatorze chaînons relient les auteurs de la tradition orale. Matthieu, dans sa généalogie du Christ, reprendra le symbolisme de ce chiffre.

Les listes des prêtres au livre des Chroniques ont, elles aussi, un caractère schématique : en 1 Ch 5, 29-34 il y aurait eu douze générations de prêtres, entre l'érection de la Tente et la construction du Temple. Et, selon 1 Ch 5, 34-41, il y aurait eu douze générations entre la construction du Temple sous Salomon et sa reconstruction sous l'exil. La symbolique du chiffre douze n'a pas besoin de longs commentaires.

Si la liste d'Eusèbe est basée sur le symbolisme des nombres, il faudrait voir la signification du chiffre quinze (*Yod he*) pour lui. Dans son commentaire du psaume 67, 5-6 (PG 23, 686-687) Eusèbe explique ainsi le verset : Son nom est le Seigneur. Symmache a traduit : En *Ya* est son nom. La première syllabe (*Ya*) indique le nom de Jésus. Jésus est identifié au Seigneur dont le nom est *Ya*. En d'autres termes, les

---

51. GUSTAVSOHN, *Hegesippus Sources*, SP 3, Pt 1, TU 78 : 227-238. HALTON, *Hegesippus in Eusebius*, PS 17, Pt 2 : 688-693.
52. EUSÈBE, *HE* 4, 22, 2.
53. EUSÈBE, *HE* 4, 22, 8.

lettres *yod he* qui forment le nom de Yahve, constituent aussi celui de Joshua.

Les Pères de l'Église exploitent le symbolisme du nombre 15 d'une façon différente. Puisque 15 est la somme de 7 et de 8, le premier symbolisant l'Ancien Testament, le second le Nouveau Testament, le chiffre quinze évoque l'harmonie des deux Testaments. C'est ainsi qu'Augustin raisonne en *En in Ps* 89, 10 (PL 37, 1144) et en *En Ps* 103, 3 (PL 37, 1335). Jérôme reprend ce symbolisme dans son *Commentaire de la lettre aux Galates* 1, 1, 8 (PL 26, 354).

Eusèbe affirme avoir pris ses informations concernant les évêques en consultant des *engraphai*[54]. Il s'agit là probablement d'archives officielles de l'Église qu'il a trouvées dans les bibliothèques de Césarée ou de Jérusalem[55]. Souvent il emploie l'expression *logos katechei*[56], qui pourrait être un indice d'une source qu'il a consultée. D'autres informations d'Eusèbe sont dues à Hégésippe[57].

La plupart des auteurs qui ont étudié la liste de succession des évêques de la circoncision y ont mêlé le problème des *desposunoi* et du califat de l'Église primitive. Schlatter, en particulier, va jusqu'à faire de Juda Justus un parent du Seigneur[58]. Il est un fait que dans le judaïsme le califat existait. E. Stauffer cite les exemples de Onias I, Simon I, Eléazar, Onias II, Simon II et Onias III. L'exemple, plus clair encore, de la Beth Hillel, est connu. Jusqu'en 230 le Nassi était de la famille de Hillel. Le problème de la descendance de David était fondamental.

L'existence des descendants de David est prouvée par la Mishna *Ta'anit* 4, 5[59]. Von Campenhausen a contesté le fait qu'après le retour de Pella les parents du Seigneur continuaient à guider l'Église de Jérusalem. Ils n'avaient plus qu'un poste honorifique. Seuls les deux premiers évêques, Jacques et Simeon, étaient parents du Seigneur.

---

54. Eusèbe, *HE* 4, 5, 2.

55. Jérusalem avait une bibliothèque fondée par Alexandre, Eusèbe, *HE* 6, 20, 1.

56. Eusèbe, *HE* 3, 11 ; *HE* 4, 5.

57. Eusèbe, *HE* 3, 19. D'après le chroniste syrien Michael (ed Chabot 1, 167), la liste épiscopale d'Eusèbe serait basée sur les informations d'un certain Hadrien.

58. Schlatter, *op. cit.* 29.

59. Voir également l'article de D. Flusser dans *Israel Museum Journal* 5, 1986 : 37-40, qui présente un ossuaire juif du premier siècle avec l'inscription : Shel Bey David.

Stauffer prétend que la politique familiale a continué jusqu'en 1135[60]. L'existence de généalogies de prêtres et de laïcs consignées par écrit est certaine (*Ket* 62b). Jules l'Africain, un médecin chrétien qui vécut de 160 à 240, affirme, dans sa lettre à Aristide, transmise par Eusèbe (*HE* 1, 7, 13), qu'Hérode n'ayant pas de sang israélite dans les veines fit détruire les documents de ces familles. Il pourrait apparaître ainsi d'origine noble. L'apocryphe intitulé *La caverne des trésors* confirme cette information[61]. Bauckham reprend le point de vue de Campenhausen et affirme que le califat n'existait pas dans l'Église primitive. Jacques et Siméon ne furent pas les successeurs immédiats de Jésus. Jésus n'était pas considéré comme un successeur sur le trône de David, mais comme le successeur eschatologique. Il ne pouvait pas avoir de successeur sur ce trône. Jacques lui-même avait reçu une mission du Christ ressuscité, comme les autres apôtres. De plus, les Évangiles s'en prennent aux privilèges de la famille de Jésus en Mc 3, 31-35 et Luc 11, 27-28.

Enfin, l'hypothèse de Elliott-Binns qui veut opposer le christianisme galiléen au christianisme fermé de Jérusalem guidé par Jacques n'est pas acceptable. Car les frères du Seigneur étaient actifs également en Galilée, à Nazareth et à Kaukabe en particulier.

Aux problèmes évoqués jusqu'à présent s'en ajoute un autre d'ordre philologique : que signifie le mot *episkopos* ? Actes 1, 20 emploie déjà le terme. S'agit-il d'un épiscopat monarchique ou bien d'un épiscopat entouré d'un *presbyterium* ? Jacques, le frère du Seigneur, avait une position quasi monarchique, comme il ressort de ses prises de position au concile de Jérusalem. Il se vantait d'avoir eu une apparition du Ressuscité (1 Co 15, 7), ce qui signifie que, comme les autres apôtres, il avait reçu une mission d'évangélisation. Cependant il semble bien que le modèle primitif de l'épiscopat se soit inspiré des modèles

---

60. Grégoire bar Haebreus relate dans sa *Chronique ecclésiastique* III, 22 qu'au troisième siècle en Séleucie trois évêques Abrisios, Abraham et Jacques disaient être parents de Joseph le Charpentier.

61. Le *Document de Damas* 14, 4-6 et cette indication concordent. Il fallait enregistrer les membres de la communauté de la nouvelle alliance par leurs noms.

juifs, peut-être du *mebbaqer* de Qumran[62]. On se rappelle qu'à Qumran les prêtres avaient la préséance sur les autres membres de la communauté. C'est dans leurs rangs qu'était pris le *mebbaqer* qui devait veiller par des inspections périodiques à la réalisation de l'idéal communautaire (1 QS 1, 21-2, 20 ; 3, 4-5.8). L'institution du *mebbaqer* est probablement parallèle à celle de l'*episkopos*. Il n'y a pas d'exemple dans les autres courants spirituels du judaïsme contemporain. Il affecte tous les aspects saillants des charges en question : de part et d'autre on trouve la même fonction de vigilance religieuse et de surveillance disciplinaire, la même préséance sur un collège plus ou moins restreint, enfin la même appellation. À l'instar du sacerdoce de Qumran les chefs de l'Église judéo-chrétienne avaient leur code ecclésial. Au *Manuel de Discipline* répond le discours communautaire de Mt 18, 1-3.5. On sait que l'institution de l'*episkopos* ne fut particulière ni aux Églises pagano-chrétiennes ni même aux communautés pauliniennes. Elle a dû caractériser dès le début les Églises palestiniennes (1 P 2, 25). On ne peut pas lui appliquer les critères et les normes qui caractérisent l'épiscopat moderne. Il est impossible de dire si cette charge était à vie ou si elle était considérée comme un service temporel.

Autre problème : que savons-nous de la communauté de Jérusalem après l'exil à Pella ? Cet exil est-il historique ? Car, pour qu'il y ait une liste d'évêque, il faut au préalable une communauté chrétienne. Si l'historicité de la fuite à Pella semble acceptée par la majorité des historiens, le retour de la communauté à Jérusalem eut lieu très rapidement après la chute de Jérusalem. Selon Épiphane, *De mensuris* 14, Titus n'aurait pas détruit complètement la ville de Jérusalem. Sept synagogues et une petite église auraient été épargnées sur le mont Sion. Eusèbe souligne la continuité de l'Église de Jérusalem jusqu'à la révolte de Bar Kokba. Dans la *Démonstration Évangélique* 3, 5 il affirme qu'une grande église fut construite par les Juifs jusqu'à l'époque du siège d'Hadrien. Il y aurait donc une continuité entre les groupes de nazaréens mentionnés par Épiphane et l'Église-mère de Jérusalem. De plus, la tradition chrétienne situe la conversion d'Aquila au christia-

---

62. J. Schmitt, « L'organisation de l'Église primitive et Qumran », in *La secte de Qumran*, Recherches bibliques 4, Louvain 1959 : 217-231.

nisme, puis au judaïsme à cette époque. Il fallait donc qu'il y ait une église pour l'accueillir. Euthychius, dans ses *Annales* parle du retour de la communauté à Jérusalem après la destruction de Massada. Ceux qui contestent l'historicité de la fuite à Pella s'appuient, à la suite de Lüdemann, sur Flavius qui affirme qu'il y avait des tensions entre Grecs et Juifs à Pella. Cependant on est en droit de préférer les informations explicites d'Eusèbe aux silences de Josèphe.

La présence de la communauté chrétienne à Jérusalem entre 70 et 135 semble établie. Cela pour plusieurs motifs. Autour du camp romain installé à Jérusalem la vie devait renaître rapidement. Différents services étaient assurés par la population locale. De plus, le cimetière du *Dominus Flevit* au mont des Oliviers atteste la présence de tombes de la fin du premier siècle. Quant à la *Hebrah qaddishah* de Jérusalem, sa présence n'est pas attestée avant la fin du second siècle (*MK* 27b ; *Semahot* 12). Enfin, les textes rabbiniques qui font état du pèlerinage de R. Aqiba à Jérusalem (*J. Mak* 24c) pourraient contenir un noyau historique.

Dernier problème : la brève durée des évêques de la circoncision. Aucune date n'était attachée à cette liste, affirme Eusèbe[63] :

> « Quant aux évêques de la circoncision, je n'ai trouvé nulle part leurs dates conservées par l'écriture : la tradition rappelle avec assurance qu'ils ont eu une vie très courte ».

Par contre, dans la *Chronique,* il précise plusieurs dates. Il précise en finale :

> « Non potuimus discernere tempora singulorum eo quod usque in praesentem diem episcopatus eorum anni minime salvarentur »[64].

Faut-il en conclure que toutes les dates sont tardives, comme semblerait le prouver les chroniques postérieures ? Une comparaison des listes des évêques avec les listes des papes indique cependant que,

63. Eusèbe, *HE* 4, 5, 1.
64. E. Schwarz, *Eusebius Kirchengeschichte*, III : 239-241.

dès le quatrième siècle[65], les listes des papes comportaient des dates très précises.

Pour rendre compte du nombre relativement élevé d'évêques à Jérusalem[66] il faut se rappeler tout d'abord l'histoire mouvementée de la Palestine. Trois guerres ont marqué cette période : la guerre de 70, la guerre de Trajan et celle d'Hadrien. Après la destruction du Temple en 70, les chrétiens de la ville sainte avaient dû émigrer à Pella. Au début du second siècle la révolte secoue à nouveau la Palestine. Trajan doit intervenir. Malgré toutes ces aventures, l'Église a pu conserver une liste de ses pasteurs[67]. Enfin, lorsqu'on compare la liste des évêques de Jérusalem à celle des grands prêtres juifs durant la période hérodienne, on fait la même constatation : leur grand nombre surprend.

Historique ou légendaire ? La liste des évêques de la circoncision, bien qu'elle réponde à des besoins apologétiques, présente de bonnes chances d'être historique. Si le symbolisme des 120 ans de Simeon peut être contesté, les autres informations semblent solides. Ceux qui connaissent la liste des grands prêtres juifs et qui se rappellent les événements politiques[68] du second siècle ne s'étonneront pas de ce que la liste des évêques de Jérusalem soit si longue.

Les évêques de Jérusalem

Jacques

L'Église a conservé le souvenir du rôle joué par Jacques dans la communauté primitive[69]. Le témoignage des Actes des Apôtres 12, 17 et 15 est à compléter par celui de 1 Co 15, 7 qui affirme que Jacques eut une apparition du Ressuscité. Paul reconnaît en Ga 1, 19 avoir rencontré Jacques à Jérusalem, lors de son premier voyage en ces lieux.

---

65. Catalogus Liberianus, in *Enchiridion fontium Historiae ecclesiasticae antiquae*, Herder 1945 : 332.

66. E. SCHWARZ, *Eusebius Kirchengeschichte*, III : 239.

67. EUSÈBE, *HE* 4, 5, 1-3.

68. Sur la persécution de Domitien, voir EUSÈBE, *Chronique arménienne*, p. 218 ; version latine de Jérôme (Helm) p. 192.

69. O. CULLMANN, « Courants multiples dans la communauté primitive », *RSR* 60, 1972 : 55-68. K. L. KARROL, « The place of James in the Early Church », *BJRL* 44, 1961-62 : 49-67.

Enfin, 1 Co 9, 5 témoigne du fait que les frères du Seigneur tenaient une grande place dans la communauté primitive. Ce n'est pas Pierre qui apparaît comme premier évêque de Jérusalem. Ce fait semble bien signifier que l'autorité de l'évêque était limitée.

Clément d'Alexandrie atteste que Jacques, le frère du Seigneur, fut le premier évêque de Jérusalem[70]. Dans la *Chronique* d'Eusèbe, c'est la dix-neuvième année de Tibère que Jacques, le frère du Seigneur, fut ordonné évêque. Selon *HE* 7, 19, c'est par les mains du Seigneur et des apôtres qu'il fut ordonné.

Dans les Évangiles, de nombreuses pointes polémiques visent les frères de Jésus. Ils n'ont pas cru au ministère de Jésus[71]. C'est à Pierre qu'est confiée l'Église[72] et aux douze qu'est donné le pouvoir de pardonner les péchés[73]. Jésus confie sa mère à Jean[74]. Cet épisode ignore la présence des frères de Jésus et désolidarise sa mère d'avec eux. Dans les Actes de Apôtres 1, 6-8, les frères du Seigneur ont conservé leurs vues d'avenir concernant le rétablissement de la royauté en Israël. Jésus répète que la seule chose qui intéresse les disciples est la promesse de l'Esprit.

Eusèbe présente Jacques comme grand prêtre[75]. Épiphane confirme cette information[76]. L'*Évangile de Thomas, logion* 12, fait remonter le choix de Jacques comme évêque de Jérusalem à Jésus lui-même. À cause de Jacques le ciel et la terre auraient été établis.

Les droits reconnus aux parents du Seigneur n'étaient pas seulement fondés sur la parenté avec Jésus, mais aussi sur le fait qu'ils passaient pour des descendants de David[77], ce qui leur occasionnera des problèmes sous Vespasien[78].

---

70. Hypotyposes, citée par EUSÈBE, *HE* 2, 1, 2 et JÉRÔME, *De viris ill.* 2.

71. Marc 3, 31-35.

72. Matthieu 16, 17-19 ; Jean 21, 15-17.

73 Matthieu 18, 18 ; Jean 20, 22-23.

74. Jean 19, 26-27.

75. EUSÈBE, *HE* 2, 23, 6. L'information est due à Hégésippe.

76. ÉPIPHANE, *Haer* 29, 4 et 78, 13. Il aurait porté le petalos, la lame d'or qui ornait la tiare du grand prêtre.

77. Jules l'Africain affirme que, jusqu'au temps d'Hérode le Grand, on avait conservé les généalogies des familles de race hébraïque pure, mais qu'Hérode les fit détruire pour qu'on ne puisse pas lui reprocher de ne pas être de race juive. Un petit nombre gardèrent le souvenir

Le récit de la mort de Jacques est relaté par Eusèbe[79] et par Flavius
Josèphe[80]. Jacques a paru être un rival important du grand prêtre Anan.

Le récit de la succession de Jacques est rapporté deux fois par
Eusèbe. En *HE* 4, 22, 4, Eusèbe cite Hégésippe qui dit « qu'après le
martyre de Jacques le juste, Syméon, fils de Clopas, oncle du
Seigneur, fut établi second évêque de Jérusalem, tous l'ayant préféré
parce qu'il était le cousin du Seigneur ». Par contre en *HE* 3, 11, 1,
Eusèbe situe la succession de Syméon « après la mort de Jacques et la
prise de Jérusalem ». C'est encore le même motif de la parenté avec le
Seigneur qui fut le motif déterminant du choix.

Syméon

aurait vécu jusqu'à 120 ans[81]. Il fut accusé et persécuté parce qu'il était
de la famille de David et parce qu'il était chrétien[82].

Étant donné le grand âge de Syméon, plusieurs commentateurs
d'Eusèbe ont pensé que les treize autres « évêques » de Jérusalem ne
seraient que les membres de son presbyterium.

Justus[83]

Son nom est Judas d'après le témoignage de certaines listes. En *HE*
3, 39, 9-10, Eusèbe, sur la base des affirmations de Papias, assimile ce
Justus, surnommé Barsabas, avec Justus qui, après l'ascension du
Seigneur, fut présenté avec Matthias en vue de remplacer le traître
Judas. Cette identification est historiquement impossible, car il aurait
eu plus de quatre-vingt-dix ans. Les *Constitutions Apostoliques* 7, 46, 1
citent, dans la liste des évêques de Jérusalem, trois noms : Jacques,
Siméon, fils de Clopas et Judas, le fils de Jacques. La découverte du

---

de leur généalogie et en conservèrent des copies. Ils habitaient les bourgs de Nazareth et de
Kockba (Eusèbe, *HE* 1, 7, 13-14).

78. Eusèbe, *HE* 3, 12. Voir également la persécution sous Domitien en *HE* 3, 20, 1.

79. Eusèbe, *HE* 2, 23, 4-18. Il s'agit d'une tradition d'Hégésippe.

80. Josèphe, *Ant* 20.

81. Eusèbe, *HE* 3, 32, 1-3.

82. Alors que la Chronique d'Eusèbe place le martyre de Syméon en 107, le Chronicon
paschale le situe en 105.

83. Eusèbe, *HE* 3, 35.

texte géorgien de Justus, évêque de Jérusalem, renouvelle le problème du troisième successeur de Jacques.

Zachée (Zacharie)

a été identifié avec Zachée, évêque de Césarée, le publicain de Jéricho, dont il est question dans les *Homélies pseudo-clémentines* 3, 63-72. Les *Constitutions Apostoliques* 7, 46, 1 connaissent, comme premier évêque de Césarée, Zachée le publicain, ce qui paraît chronologiquement possible.

Matthias de Jérusalem

En ce qui concerne Matthias de Jérusalem, Clément d'Alexandrie cite dans ses *Stromates* plusieurs traditions qui remontent à Matthias. *Strom* 7, 13, 82 ; *Strom* 3, 4, 25 et *Strom* 2, 9, 45 font état de ces *paradoseis*. Mais ces traditions de Matthias ne sont qu'un texte gnostique connu par Hippolyte[84]. *Strom* 3, 4, 26, qui les cite, est de saveur encratite. Parmi les textes gnostiques coptes découverts en Haute-Égypte, certains sont attribués à Matthias[85].

Jean de Jérusalem

a été identifié par Schlatter avec le presbytre Jean dont parle Eusèbe en *HE* 3, 39, 5-6 et les *Constitutions Apostoliques* 7, 46, 1. L'information de *HE* 5, 24, 2-3 sur Jean qui a reposé sur la poitrine de Jésus et qui était prêtre et a porté le *petalon*, la lame d'or, résulte peut-être d'une confusion entre Jean l'évangéliste et Jean le presbytre.

Juda

Quant au dernier de la liste, Juda, il est qualifié de *Kyriakos* par la liste des martyrs établie par Jérôme : le 4 mai : « Judae sive Quiriaci episcopi ». Il serait donc parent du Seigneur. Schlatter lui associe les légendes de la découverte de la sainte croix dont il est question dans les *Actes de Juda* et dans *les enseignements d'Addai*. En fait, il est asso-

---

84. *Philosophoumena* 7, 20.
85. J. DORESSE et T. MINA, *Vigiliae Christianae* 3, 1949 : 134.

cié aux traditions attribuées à Julien l'Africain qui situe le tombeau d'Adam sous le Golgotha.

La liste des évêques de la circoncision donnée en *HE* 4, 5, 2-3 est précédée de certaines informations : tous étaient hébreux de vieille souche et avaient reçu la connaissance du Christ de façon authentique. De plus, toute l'Église était alors composée d'Hébreux fidèles. Cette dernière information ne respecte pas les données évangéliques qui connaissent des païens convertis. Les quinze évêques qui suivent — certains voudraient y voir des presbytres — ne sont pas connus. Eusèbe affirme que leur épiscopat fut de courte durée. Le contexte de persécution que les sources littéraires confirment pourrait expliquer cet état de choses.

Si les Pères du quatrième siècle, qui appartenaient à l'Église de la Gentilité, ont maintenu le témoignage historique des origines judéo-chrétiennes de la communauté des croyants, ils méritent attention. La liste des évêques qu'ils transmettent prouve que l'Église de la circoncision, sans négliger les charismes, préfère des structures ministérielles venues du judaïsme.

DAVID ROKÉAH

AM HAARETZ, THE EARLY PIETISTS (ḤASIDIM), JESUS AND THE CHRISTIANS

THE PROBLEM of the *Am Haaretz* (« the people of the land ») has many ramifications which cannot be considered here. I will therefore confine myself to a few relevant remarks.[1]

The rules of admission into the association (=*ḥavura*) enumerated in the Mishnah (Demai 2 : 2-3) and in the Tosefta (Demai 2 : 2) enable us to reconstruct the progressive growth of the associations as follows : The trust (=*ne'emanut*) was established first. It limited its demands of the newcomer (=*ne'eman* = trustee) to the observance of the laws of tithes. Later, the association (*ḥavura*) emerged. It extended its demands to the sphere of purity and impurity, while including the demands of the trust in its regulations. (This is how it appears in the Tosefta.)

In my opinion, this is the only case in which *ne'eman* is used as a *terminus technicus* for a member of the *ne'emanut* (trust) ; in all other places, *ne'eman* means simply a « trustworthy person. » This includes the Tosefta (Demai 3 : 4), which states that if an associate *(ḥaver)*

---

1. See Aharon OPPENHEIMER's comprehensive book : *'Am ha-Aretz - A Study in the Social History of the Jewish People in the Hellenistic-Roman Period,* Leiden 1977 (hereafter : *'Am ha-Aretz*).

becomes a tax-collector, he is ousted by the association, but adds that when he gives up this post he is [once again] *ne'eman* (trustworthy). Some scholars took this to mean that he reverts to the status of a candidate. But the parallel version reads : « He is [again] like a *ḥaver* ».[2] Furthermore, he is rejected by the association not because he has transgressed any of its requirements, but because he has accepted a post entailing extortion.[3] When the cause of his rejection is eliminated, there remains no reason he should not be reinstated as a full member of the association.[4] We learn from the Tosefta (Demai 2 : 10) of a demand which is a kind of pre-candidacy, and that admission to the association is by stages (*ibid.* 2 : 11-12), both as to stringency (concerning first the observance of cleanness of the hands *[kenafaim]*, and then the laws of purity) and the probationary period (first concerning the purity of liquids for a three-month period, and then the purity of clothing for twelve months).

What is the difference — or the relationship — between the Pharisees and the *ḥaverim* (the members of the *ḥavura*) ? Why do the Pharisees appear, albeit in a very few cases, as a synonym for *ḥaverim* and as the antithesis of *Am Haaretz* (e.g. Ḥagiga 2 : 7) ? It seems to me that every *ḥaver* is also a Pharisee, but not that every Pharisee is a *ḥaver*. If I am right, Jesus, in his invective against the Pharisees for their tithing of mint and other spices (Matthew 23 : 23), is referring to the *ḥaverim* among the Pharisees. The same is true of the Pharisee who invited Jesus to dinner and was astonished to find that Jesus did not wash his hands before the meal (Luke 11 : 37-8).

In his article, « Teaching of Pietists in Mishnaic Literature » (*JJS* 16[1965] : 15-33), Shmuel Safrai analysed the characteristics of the so-called « *ḥasidim* » (pious), « the early *ḥasidim*, » and « *ḥasidim* and men of action ». Only once (in his note 74) does Safrai compare the miracle

---

2. Jerusalem Talmud (hereafter : JT), Demai 2 : 3, 23a ; cf. Babylonian Talmud (hereafter : BT), Berakhot 31a.

3. See the Mishnah in Nedarim 3 : 4. And cf. Matthew 9 : 9-13 and parallels, in which tax-collectors are considered to be sinners (by the Pharisees and by Jesus himself), at whose tables one should not eat.

4. For a fuller discussion and other interpretations, see Oppenheimer, *'Am ha-Aretz* : 151-156.

ascribed to the prominent *hasid* R. Hanina ben Dosa,[5] with the promise of Jesus to his disciples (noted in Mark 16 : 18), that « They shall take up serpents. »

Geza Vermes followed and expanded the theme of Safrai. In his article, « Hanina ben Dosa »,[6] Vermes compares Hanina frequently with Jesus. In his *Jesus the Jew* (London 1973), Vermes presents Jesus as one of the *hasidim*. Vermes, too, compares the miracle of R. Hanina with the saying of Jesus (Mark 16 : 18), adding two references : Luke 10 : 19 and Acts 28 : 3-6.

But there is no comparison : the whole of the final passage in Mark (16 : 9-20) is not authentic,[7] while in Luke, Jesus grants his disciples the power « to tread on serpents. » The impact of this saying is weakened by its similarity to the saying in Psalms 93 : 13 : « Thou shalt tread upon lion and adder. » Moreover, the dependence of Jesus's saying on Psalms is enhanced by the fact that the Septuagint translated « asp » for « lion ». Finally, the miracle that happened to Paul in Malta (Acts 28 : 3-6) is not comparable to the miracle performed by R. Hanina ben Dosa.

R. Hanina is famous for his power of healing. He cures the son of R. Yohanan ben Zakkai by putting his head between his knees (BT 34b), while he cures the son of R. Gamaliel from afar (Berakhot 5 : 5). These two methods of curing the sick are also attributed to Jesus.[8] The banishing of daemons by Jesus is also connected with healing, that is, delivering people from the torments caused by the daemons.[9] R. Hanina too has the power to drive evil spirits away from inhabited places, so that they will not harm people.[10] Apart from healing, various supernatural events are connected with R. Hanina. Some of them are recorded in BT Taanit 24b-25a : rain stops for him until he reaches his house ; the empty oven lit by his wife on Friday was miraculously filled with

5 . Tosefta Berakhot 3 : 20 ; BT *ibid.* 33a : R. Hanina was bitten by a poisonous reptile. As a result the reptile died, whereas R. Hanina came to no harm.

6. *JJS* 23(1972) : 28-50 (hereafter : *Hanina*-A) ; 24 (1973) : 51-64 (hereafter : *Hanina*-B).

7. See V. TAYLOR, *The Gospel According to St. Mark*, (Macmillan 1966[2]) : 610 ff.

8. See Matthew 8 : 5-16 ; Luke 7 : 1-10 ; John 4 : 46-53.

9. Cf. Matthew 8 : 28-34 ; Mark 5 : 1-20 ; Luke 8 : 26-39.

10. BT Pesakhim 112b. And see VERMES, *Hanina*-B : 55-57 ; cf. S. SAFRAI, « The Pious (Hasidim) and the Men of Deeds », *Zion* 50 (1935-1985) : 137-138 (hereafter : *Zion* ; Hebrew).

bread, presumably on his account ; he is granted a golden table-leg to save him from his poverty ; the beams of his neighbour's house stretched out at his request in order to reach the length needed ; his goats bring back bears on their horns to prove that they did not consume other people's property ; the Sabbath lamp, mistakenly filled by his daughter with vinegar, burns throughout the Sabbath as if it had been filled with oil. Vermes (*Hanina*-A : 42) compares the last miracle to the conversion of water into wine by Jesus at the wedding feast in Cana of Galilee (John 2 : 1-10).

Relying on the Gospels, Vermes argues (*Hanina*-A : 39) that, so far as R. Ḥanina ben Dosa is concerned, the meaning of a « man of deeds » (*ma'asseh*) is not « social worker » but rather « miracle worker. » In Luke (24 : 19), « Jesus is depicted as 'a prophet mighty in deed and word' and his miraculous cures are referred to simply as his 'deeds' (ἔργα) » ; in Matthew (11 : 2), Jesus's supernatural cures (*ibid.* 9 : 18-35) are described as just « deeds » (ἔργα) ; and « the healing of the sick man in Jn. 5 : 1-9 is alluded to in Jn. 7 : 21 as 'one deed'. »

Now, the expression, « mighty in deed and word » (δυνατὸς ἔργῳ καὶ λόγῳ), is a common phrase in Greek ; the term « deeds » (Matthew 11 : 2) to define Jesus's actions is but a short definition, and nothing should be inferred from it about the meaning of the term. Describing healing as a « deed » in John (7 : 24) does not refer to its miraculous character, but rather to the desecration of the Sabbath involved in the act. Jesus answers that his act is similar to circumcising on the Sabbath, although it involves profaning the Sabbath (the performing of circumcision is not a miraculous act). When, further on (*ibid.* 7 : 37), « many of the people » refer to the miraculous aspects of Jesus's healing, they call them σημεῖα, supernatural signs. The miraculous and supernatural deeds of Jesus are usually called δυνάμεις, [11] which means inter alia « magical powers ».[12]

As for the *hasidim* in general, I would adopt Safrai's characterization :

---

11. See Matthew 7 : 22 ; Mark 6 : 2 ; Luke 10 : 13 et passim.

12. Cf. CELSUS, *The True Doctrine*, I, 28 (transl. H. CHADWICK, *Origen : Contra Celsum*, Cambridge University Press 1965) : « In Egypt [Jesus]... tried his hand at certain magical powers [δυνάμεις] on which the Egyptians pride themselves ; he returned full of conceit because of these powers, and on account of them gave himself the title of God. »

« Prominent in their doctrine is the importance attributed to good deeds in public life (redemption of captives, the digging of cisterns for the benefit of wayfarers, the restoration of lost property, the consolation of mourners, the giving of alms, etc.). » [13]

The traditions about R. Ḥanina b. Dosa and the *ḥasidim* in general reveal their impoverished, difficult, material circumstances. [14] Vermes and Safrai [15] draw attention to a common trait of the *ḥasidim* and Jesus : a positive attitude towards poverty, which may turn it into an ideal. [16]

თ თ
თ

We have surveyed some of the characteristics of the *ḥasidim*, and especially of R. Ḥanina ben Dosa. As we have noted, the comparisons of these with those presented in the Gospels about Jesus prompt Vermes to identify Jesus as a *ḥasid*. Safrai points out (*Zion* : 134-137) that, apart from Ḥoni « the circlemaker » [17] whose place of origin is not clear, « the other *ḥasidim* of the time of the Temple and of the following generation, whose town name is mentioned, are from the Galilee. » [18] And Safrai adds there (*Zion* : 137) :

« In fact, we are entitled to add to the list of the *ḥasidim* in the Galilee even Jesus of Nazareth. It is possible to identify him in his way of life and in his sayings as belonging to the world of the Pharisees ; but, inside the world of the Pharisees, he is nearer to the *ḥasidic* stream of the Pharisees. Like the *ḥasidim*, or the teachers of the *ḥasidim*, he is described as « a son of the household » before his father in heaven. He is a man on whose behalf miracles are effected, and people turn to him to heal the sick .... »

13. *JJS* 16 (1965) : 32.

14. BT Berakhot 17b ; Taanit 24b ; Ḥullin 86a.

15. See *Ḥanina*-B : 52-53 ; *Zion* : 138-141.

16. Cf. BT Ḥagiga 9b ; Matthew 6 : 25-34 ; Luke 12 : 22-31 ; Matthew 19 : 21 ; Luke 18 : 22 ; Matthew 19 : 24 ; Mark 10 : 25 ; Luke 18 : 25.

17. Taanit 3 : 8 ; Josephus, *Antiquities*, 14, 22-24. And see Safrai, *Zion* : 133-134 and notes 4-6.

18. For R. Ḥanina, see *ibid.* : 135 ; and cf. Vermes, *Ḥanina*-B : 57-59. For the grandchild of Ḥoni « The Circlemaker », compare BT Taanit 23a-b with JT Taaniyot 1 : 4, 64b-c ; for another anonymous Galilean *ḥasid* see Avot de-R. Nathan, Version A, XII, and Version B, XXVII (Shechter's edition : 28b-29a).

Apart from these identifying marks of the *ḥasidim*, which we also find in Jesus, Safrai finds an additional point of comparison between them that strengthens the identification (*Zion* : 152) : in the tales and traditions of both Jesus and the *ḥasidim*, emphasis is placed on the deed, the action, while the study of the Torah is not mentioned, that is, its importance is belittled.

ℰↃ ℰↃ

ℰↃ

To complete the comparison between the *ḥasidim* and Jesus, let us look at three more issues, of which two relate to the *Am Haaretz*.

I. Avot de R. Nathan (above, n. 18) relates that a certain priest, who was a *ḥasid*, ate impure foods throughout his life. In Safrai's opinion,[19] this allegation

> is certainly not to be accepted literally. This is no more than a literary tradition meant to inform us that *ḥasidim* who were not in association with scholars... were likely, in the long run, to fall down on a specific prohibition of the Torah.

In other words, the resentment of the neglect of Torah study by the *ḥasidim* led to offensive tales being concocted against them. But perhaps the kernel of this tradition reflects a situation in which the *ḥasidim* did not neglect the study of Torah, but rather neglected the laws of purity and impurity.[20] It is similarly related that R. Ḥanina carried a dead reptile on his shoulder and brought it into the house of study, ignoring the uncleanness of reptiles stated in the Torah[21].

If this be so, we possess a parallel to this negligent attitude in the retort of Jesus, when attacked by the Pharisees and Scribes because his disciples ate with contaminated hands, that is, without washing their hands (Matthew 15 : 1-2 ; Mark 7 : 1-5). Jesus laid down the principle that « it is not what enters the mouth that defiles a man, but what

---

19. See *JJS* 16 (1965) : 26 ; and cf. *Zion* : 154.
20. This is the opinion of OPPENHEIMER, *'Am ha-Aretz* : 220-221.
21. See BT Berakhot 33a ; cf. Vermes, *Ḥanina*-A : 36-37.

comes out of the mouth that defiles a man » (Matthew 15 : 11 ; Mark 7 : 15-23). Indeed, Jesus himself sees no need to eat secular food in ritual purity (Luke 11 : 37-41). Although this expression does not necessarily justify the editor's conclusion that Jesus « made all foods clean » (Mark 7 : 19), that he permitted the eating of animals prohibited by the Torah, it clearly reflects a rejection, in principle and in practice, of the laws of ritual purity found in the Torah.[22]

II. While the attitudes of Jesus and the *hasidim* in this sphere are similar, a contrast exists between them concerning two other questions. In the JT (Demai 1 : 3, 22a), R. Hanina is miraculously prevented by Providence from eating food containing an untithed spice. Vermes (*Hanina*-A : 45) thinks that « since Hanina's strict observance of rabbinic rules appears to have been suspect in some quarters, perhaps rightly so, it is not surprising that his later admirers insisted on it ». But neither R. Hanina nor other *hasidim* are found to be negligent in tithing, and the apologetic on behalf of R. Hanina concerning this matter is thus superfluous.[23]

Unlike the *hasidim*, Jesus is represented as disparaging tithing, even if his warning not to neglect it is authentic.[24]

III. From another source, it may be inferred that R. Hanina was very careful about keeping the Sabbath[25]. Vermes connects this source with the one reporting the miracle engendered in order to save R. Hanina from eating food containing an untithed spice ; he apparently wishes to indicate that this, too, attempts to exonerate R. Hanina from

22. C. G. MONTEFIORE (*The Synoptic Gospels*, Vol. I, London 1927[2] : 129-166) devoted much effort to explicating this passage in Mark (7 : 1-23). He states (*ibid.* : 130) that « here Jesus enunciates a doctrine which appears not only to be new and emancipating, but which seems to constitute one of the two chief justifications or reasons for the main way in which Liberal Judaism looks at the old ceremonial law. » Montefiore then (*ibid.* : 130-131) refers to the teaching of the prophets who belittled sacrifices (e.g. Hosea 6 : 6 ; cf. Psalms 51 :18-19). This teaching of the prophets concerning the worship of God was revived by Jesus in the sphere of purity and impurity.

23. Both R. Hanina and a prominent later *hasid*, R. Phinehas ben Yair, are presented as excessively meticulous in observing the laws of tithing. See Avot de-R. Nathan, Version A, VIII (SCHECHTER : 38) ; JT Demai 1 : 3, 22a.

24. Matthew 23 : 23. Cf. MONTEFIORE (above, n. 22), Vol. II : 301. Montefiore declares that there is no contradiction between « utmost scrupulosity in outward legalism, and the most sublime spirituality and moral goodness. »

25. JT Berakhot 4 : 1, 7c ; Taaniyot 4 : 1, 67c-d ; Genesis Rabba 10 : 8, THEODOR-ALBECK : 84.

the suspicion of unorthodox behaviour. Safrai, on the other hand, has no doubts about this tradition, and even asserts that « this was the way of the *ḥasidim* to be extremely strict about the laws of Sabbath ; there are many traditions on the excesses of the *ḥasidim* in all matters concerning the Sabbath ».[26]

The attitude of Jesus towards the Sabbath is quite different from that of the *ḥasidim* : the *ḥasidim* are stricter, whereas Jesus tends towards leniency, to say the least. Let us consider three specific examples :

1. In Matthew (12 : 1ff.), the Pharisees complain that the disciples of Jesus pluck ears of grain on the Sabbath and eat them.[27] Jesus retorts by comparing this act to that of David, who ate the shewbread together with his men, because they were hungry. This is the only defence brought in the parallels (Mark 2 : 23-28 ; Luke 6 : 1-6). Matthew presents a totally different argument ; just as priests work on the Sabbath in the Temple, the disciples are entitled to do so because of Jesus.[28]

2. When asked about the lawfulness of healing on the Sabbath (Matthew 12 : 9-13), Jesus answers that, if it be lawful to rescue a sheep that had fallen into a pit on the Sabbath, it is all the more lawful to heal on the Sabbath.[29]

3. In John (5 : 1-18), Jesus heals a paralyzed man on the Sabbath, and even tells the man to carry his bed. The Jews think that both acts are forbidden on the Sabbath. In defending himself (*ibid.* 7 : 21-23), Jesus compares his healing with the performance of circumcision on the Sabbath.

As for the healing on the Sabbath, Montefiore (above, n. 22, Vol. II : 190) remarked that there is a « logical fault » in comparing it to rescuing a sheep that had fallen into a pit. He added : « from a larger point of view it is, however, not unreasonable to say that the Pharisees

26. See *Zion* : 135. In his n. 16 *ad loc.*, Safrai gives several examples to support this generalization : BT Sabbath 19a ; *ibid.* 121b ; Niddah 38a ; JT Sabbath 15 : 3, 15a, and parallels.

27. See M. KISTER, « Plucking of Grain on the Sabbath and the Christian-Jewish Debate, » *Jerusalem Studies in Jewish Thought*, Vol. III (3), 1983/4 : 349-366 (Hebrew).

28. A. H. McNEILE (*The Gospel According to St. Matthew*, London 1915 : 169) remarks that, while the priests worked on the Sabbath because of the demands of the Temple, « The disciples had been engaged in no service demanded by Jesus. »

29. The parallels (Mark 3 : 1-6 ; Luke 6 : 6-11) lack the example of the sheep, and Jesus speaks there generally of saving life on the Sabbath.

are supposed to look on healing as a labour, while Jesus looked upon it as a service, a benefit, a deed of mercy. »

Of the argument dealing with the precedent of David and the shew-bread, it should be observed that David did not desecrate the Sabbath but merely ate holy bread reserved for the priests. The *halakha* permits the eating of any thing at any time only to « one possessed of a *boulimos*, »[30] and we find, indeed, that R. Huna (Yalkut Shimoni to I Samuel, Parag. 130) defended David's action by saying that « he was possessed by a *boulimos*. » But there is no reason to suppose that the disciples of Jesus were possessed by a *boulimos* rather than by a usual type of hunger at most. Only Matthew (12 : 1) notes that they were hungry at all, and this was inserted in order to adapt this account to the answer of Jesus (12 : 3), which emphasized that David and his men *were* hungry, and therefore permitted themselves to eat the holy bread.

The argument based on the priests' work in the Temple on the Sabbath and the argument about circumcision on the Sabbath have a common denominator : the Torah permits the desecration of the Sabbath under certain circumstances. Jesus saw hunger and the healing of the sick as worthy causes justifying leniency concerning the Sabbath. But the two cases are dissimilar. The priests' work on the Sabbath and circumcision on the Sabbath are both based on the Torah itself, that is, « The mouth that forbade is the mouth that permitted », while the leniency of Jesus concerning Sabbath observance by himself and his disciples is based on his own expositional approach.

Even were the halakhic authority for this relaxation of the strict commandment (*mitzvah*) concerning the keeping of the Sabbath to be found, it is clear that Jesus treats the *mitzvah* lightly.

ℰ℔ ℰ℔
ℰ℔

Several Christian scholars of the late nineteenth and early twentieth centuries identified the adherents of Jesus with the *Ammei Haaretz,* who

---

30. That is, a ravenous hunger which may cause death. See Yoma 8 : 6.

Several Christian scholars of the late nineteenth and early twentieth centuries identified the adherents of Jesus with the *Ammei Haaretz*, who were viewed negatively by the Pharisaic leadership but championed by Jesus. To corroborate this allegation, they claimed that the whole of Galilee, from which the followers of Jesus emerged, was, at the time of the Second Temple and in the Yavneh period, wholly devoid of Torah and the observance of *mitzvot*. Some Jewish scholars agreed with this opinion, while others opposed it.[31] Klausner for example, declared : « Jesus the Nazarene came to the "*Ammei Haaretz*" from the Pharisees. »[32] Salo Baron asserted : « It is no mere chance that Galilee was the main center of the so-called ' *am ha-areṣ*..., that group of population whose Jewish education was slight and whose orthodoxy was looked upon with much suspicion by the more rigid Pharisees. »[33] Zeitlin sought to explain the deep hatred between the Sages and the *Ammei Haaretz* (cf. BT Pesakhim 49b) by the supposition that « Many of the *Am haaretz* — the farmers of Galilee, and the masses generally —, formed the rank and file of the new Christian sect. »[34] Büchler tried to sever the connection of Jesus and the early Christians with the *Am Haaretz* by arguing that the sources dealing with the *Am Haaretz* refer to priests and were first formulated at Usha, and that it is therefore mistaken to ascribe them anachronistically to the time of Jesus.[35]

ɔ ɔ

ɔ

31. See OPPENHEIMER, *'Am ha-Aretz :* 2ff.; 200ff. ; 218ff. ; idem *Galilee in the Mishnaic Period,* Jerusalem 1991 : 16ff.; 111ff. (Hebrew).

32. J. KLAUSNER, *History of the Second Temple,* Tel-Aviv 1976 (1950), Vol. IV : 223 (Hebrew).

33. Salo WITTMAYER BARON, *A Social and Religious History of the Jews,* Vol. I (Columbia University Press, New York and London 1952[2]) : 278.

34. Solomon ZEITLIN, « The Am Haarez, » *JQR* Vol. XXIII (1932-1933) : 56. Zeitlin adduces as evidence the utterance of the Pharisees in John 7 : 47-49, and the criticism of Jesus in Matthew 23 : 5 compared with BT Berakhot 47b. For a full discussion of the injunctions of *tefilin* and *tzitzit*, see OPPENHEIMER, *'Am ha-Aretz :* 224-227.

35. See A. BÜCHLER, *Der galiläische 'Am-ha'Areṣ des zweiten Jahrhunderts,* Wien 1906 ; *id.* in *Expository Times,* Vol. XXI (1909-1910) : 34-40. For a refutation of Büchler, see OPPENHEIMER, *'Am ha-Aretz :* 4ff.; G. MARGOLIOUTH in *Expository Times,* Vol. XXII (1910-1911) : 261-263 ; and cf. MONTEFIORE (above, n. 22), I : 135-144.

What of Galilee ? From the general reminder sent by Rabban Gamaliel the Elder (Tosefta Sanhedrin 2 : 6 and parallels) and the information provided unintentionally by Josephus (*Life*, 63), we may infer that the Galileans fulfilled the laws of tithing. That they also observed the laws of purity may be inferred from the difficulties encountered by Herod Antipas in settling Jews in Tiberias (Josephus, *Antiquities*, 18 : 37-38). The only difference between Judaea and Galilee derived from the proximity of the Temple to Judaea. This proximity and the prospect of selling their products to pilgrims or of taking them themselves to the Temple induced the farmers of Judaea, even the *Ammei Haaretz* among them, to be more scrupulous in preparing their wine and oil.[36]

The Amora R. 'Ulla said that, when Rabban Johanan ben Zakkai lived in 'Arav (a town in Galilee) for eighteen years, only two cases came before him. Whereupon he exclaimed : « Galilee, Galilee, you hated the Torah. Your end will be to fall into the hands of *conductores* » (*Mezikin* ; JT Shabbat 16, 15d). Oppenheimer (*'Am ha-Aretz*: 206) raises several questions about the reliability of this tradition, concluding that « it is more probable that 'Ulla's statement was a homiletical interpretation of a tradition which he had, and which stated that Rabban Johanan b. Zakkai was consulted about two halakhic questions when he was at 'Arav. » Therefore, this incident does not provide « decisive proof of the sparseness of the observance of the Torah in Galilee. » Similarly, Oppenheimer thinks (*ibid.* : 203-204) that « The evidences in the New Testament about the Sages who came to Galilee from Jerusalem do not prove that in Galilee itself there were no Sages » (the reference is to Matthew 23 : 23). On the whole, Oppenheimer asserts[37] that « following rigorous and critical examination of all the sources » researchers have concluded that « life in Galilee bore a halakhic-Pharisaic stamp just as did that of Judaea, and that there was no special Galilean character or different way of life

36. See S. SAFRAI, *Pilgrimage at the Time of the Second Temple*, Tel-Aviv 1965 : 44-46, 157 (Hebrew) ; cf. OPPENHEIMER, *'Am ha-Aretz* : 204ff.

37. *Galilee* etc. (above, n. 31) : 16-17 and notes 2-3. See now the exhaustive study of S. SAFRAI, « The Jewish Cultural Nature of Galilee in the First Century, » *Immanuel* 24/25 (1990) : 147-186.

in Galilee. » Examples abound, especially from the Yavneh period onwards (see *ibid.* : 18, 115-117).

Vermes and Goodman disagreed with this conclusion.[38] Vermes objects (*ibid.* : 153, n. 8) that « none of Oppenheimer's proofs actually relate to the pre-Yavneh age. » He adds (*ibid.* : 31) : « neither Josephus nor rabbinic literature indicate any noticeable Pharisee presence or impact in Galilee at all prior to AD 70. »

Elsewhere (*ibid.* : 159, n. 6) he amplifies : « *Pace* A. Oppenheimer and his followers..., I still maintain that because of its distance from the Temple and the centres of study in Jerusalem, the Galilean practice of Judaism was less sophisticated and punctilious than that prevailing in general in Judaea in the pre-70 era. » The proofs Vermes provides are as follows (*ibid.* : 153, n. 8) :

> In two passages, the Pharisees/scribes met by Jesus in Galilee are expressly said to have been visitors from Jerusalem : Mark 3.22 - Matt. 12.24 and Mark 7.1 - Matt. 15.1. Similarly, Josephus refers to a delegation of four persons, three of whom were Pharisees, despatched from Jerusalem to Galilee to effect his dismissal from the post of regional commander-in-chief. See *Vita* 196-97. As far as I know, this is the only mention of a Pharisee presence in the northern province in the whole of Josephus' work.

Now, the mission to the Galilee was connected to the war with the Romans, and had nothing to do with religious-halakhic instruction in Galilee. Josephus had no reason to mention such a mission or presence of Pharisees in Galilee ; therefore it was not mentioned by him.

However, these passages from the Gospels do support Oppenheimer's position. Vermes erred twice. First, the Scribes are not identical with the Pharisees, as Vermes thinks, but are officials, sometimes of the Pharisees (see Mark 2 : 16 ; Acts 23 : 9), more usually of the Temple.[39] Second, Mark 7 : 1ff. states that « the Pharisees gathered about him, together with some of the Scribes, who had come from Jerusalem, » and asked him why his disciples ate with defiled hands. In the parallel in Matthew (15 : 1ff.), the questioners are « from

---

38. G. VERMES, *Jesus and the World of Judaism,* London 1983 ; M. GOODMAN, in his review of OPPENHEIMER's *'Am ha-Aretz* in *JJS* 31(1980) : 248-249.

39. Cf. Daniel R. SCHWARTZ, *Studies in the Jewish Background of Christianity,* Tübingen 1992 : 89-101.

Jerusalem, Pharisees and Scribes. » McNeile comments on this (above, n. 28, p.221 ; my emphasis) : « The unusual order Pharisees and Scribes [whereas the order in Matthew is *always* Scribes and Pharisees] is due to Mk., who writes καὶ συνάγονται πρὸς αὐτὸν οἱ Φαρισαῖοι καί τινες τῶν γραμματέων ἀπὸ Ἰ. which seems to mean 'the Pharisees (*of the place*), and certain of the Scribes from Jerusalem who happened to have come thither.' But Mt. understands ἐλθόντες to refer to both. » McNeile also remarks (p. 174) : « Mk. οἱ γραμματεῖς οἱ ἀπὸ Ἱεροσολύμων καταβάντες *officials* from the capital ; cf. Mk. vii. 1. » (My emphasis.D.R.) Taylor too (above, n. 7, p. 334 ; my emphasis) interpreted Mark 7 : 1 in this way : « The reference to certain of the scribes who came from Jerusalem (*v*. iii. 22) implies that the incident happened in Galilee, *and the Pharisees mentioned were probably resident there.* » The same conclusion may be drawn from the other parallel brought by Vermes. Mark (3 : 22) relates that « Scribes who came down from Jerusalem » said that Jesus cast out the daemons by the power of Beelzebul, whereas in Matthew (12 : 24), also in connection with Beelzebul, the Pharisees occupy the place of the Scribes, but they are not said to have come down from Jerusalem. We learn then from the Gospel passages adduced by Vermes that there were Pharisees who lived permanently in Galilee.

ༀ ༀ

ༀ

We have surveyed the characteristics of the *haverim* and of the *Ammei Haaretz*, as well as the changes they underwent in the course of time. We also have dwelt on the things that distinguished the early *hasidim* and Jesus. We have seen that they have in common a positive attitude towards poverty and a preference for good deeds as against study. Their common features lie in the power to heal the sick in a supernatural way, to cast out daemons, and to perform miracles. Deeds and men of this sort were widespread in the ancient world, as testified by Celsus, the second-century anti-Christian polemicist. Celsus declares that these men « do wonderful miracles, ... drive daemons out

of men and blow away diseases. » He also quotes the prophecies he had
heard from such men in Phoenicia and Palestine :

> I am God (or a son of God, or a divine spirit). And I have come.
> Already the world is being destroyed. And you, O men, are to perish
> because of your iniquities. But I wish to save you. And you shall see me
> returning again with heavenly powers... etc.[40]

The last description presented by Celsus reflects the other side of
Jesus, which he does not share with the *ḥasidim*. From the halakhic
standpoint, Jesus's position about keeping the Sabbath is diametrically
opposed to that of the *ḥasidim*. The *ḥasidim* are not scrupulous concerning the laws of purity, while Jesus opposes on principle a meticulous
concern with so secondary a matter. For Jesus — but not for the
ḥasidim — the tithing injunction (*mitzvah*) is also marginal. The
position of Jesus is declarative and unusual, and is not comparable with
that of the *Ammei Haaretz*. The *Ammei Haaretz* were not suspected of
desecrating the Sabbath, and there is no reason to suppose that their
neglecting other injunctions (*mitzvot*) derived from reasons of
principle. One might say that in defending the practice of healing on
the Sabbath as well as the desecration of the Sabbath by his disciples,
Jesus applies an analogy (*gezerah shavah*) on his own authority, just as he
does when he limits the Torah's acceptance of divorce to cases of
adultery only.[41]

Another example reveals a fundamental approach of Jesus which is
different from that of his contemporary, Hillel the Elder. When asked
by a gentile, a would-be proselyte, to define the essence of the Torah,
Hillel said : « Do not do unto thy neighbour what would be hateful to
thee, that is the whole Torah ; the rest is [its] explication. Go and study
[it] » (BT Shabbat 31a). This saying is but a negative formulation of
« Thou shalt love thy neighbour as thyself » (Leviticus 19 : 18). On the
other hand, when asked by one of the Pharisees : « What is the greatest

---

40. *The True Doctrine*, I : 68 ; VII : 9, 11 ; Chadwick's translation (above, n. 12). For more
examples of such phenomena, see D. ROKEAH *Judaism and Christianity in Pagan Polemics*,
Jerusalem 1991 : 55, n. 37 ; 94, n. 262 (Hebrew). Cf. D. HILL, « Jesus and Josephus' 'Messianic
Prophets', » in E. BEST and R. McI. WILSON (eds.), *Text and Interpretation: Studies in the New
Testament Presented to Matthew Black*, Cambridge University Press 1979 : 143-154.

41. See Matthew 19 : 3-6 ; Mark 10 : 2-12 ; cf. Luke 12 : 10-16. And see M. CHERNICK,
« Internal Restraints on *Gezerah Shawah's* Application, » *JQR* Vol. LXXX (1990) : 253-282.

commandment in the Torah ? » Jesus responded, surprisingly : « "Thou shalt love the Lord thy God with all thy heart, and with all thy soul and with all thy mind" (Deuteronomy 6 : 5) — this is the greatest and first commandment. And the second one is like it : "Thou shalt love thy neighbour as thyself". On these two commandments hang the whole Torah and the prophets. »[42]

In view of all this, I doubt whether one may include Jesus among the early *hasidim*. There are, indeed, parallels with some of his deeds and opinions within the circle of the *hasidim*, as well as among the « prophets » and miracle-workers of the pagan world and of Israel. But, on the whole, he is a unique character, *sui generis*. Just as Jesus is not to be included among the *Ammei Haaretz*, one should also not identify his disciples and adherents as *Ammei Haaretz* simply because they were Galileans and because they disregarded the washing of hands before meals. (As a matter of fact, the tradition in Mark [7 : 2] indicates that *only some* of the disciples neglected the washing of their hands). Finally, when we consider social stratification, we cannot identify the followers of Jesus with the *Ammei Haaretz*, since the latter apparently belonged to the class of farmers and householders in the main.[43]

---

42. Matthew 22 : 34-40 ; Mark 12 : 28-34 ; Luke 10 : 25-28. The story of the good Samaritan follows. The love of God is extolled in a homily of R. Akiva. See Mechilta de-Rabbi Ishmael, Tractate Shirata 3, ed. Jacob Z. LAUTERBACH, Philadelphia 1949, Vol. II : 26.

43. See BT Sota 48a ; Tosefta Demai 2 : 2 ; Avot de-R. Nathan, Version B, XXXV ; SCHECHTER : 78. And cf. ZEITLIN (above, n. 34) : 46-47.

IMPRIMERIE ORIENTALISTE, KLEIN DALENSTRAAT 42, B-3020 WINKSELE-HERENT